「一带一路」倡议下的
保险业服务研究

周延礼 ◎ 著

人民出版社

目　　录

序

2013 年 9 月和 10 月,习近平主席在出访中亚和东南亚国家期间,提出建设"丝绸之路经济带"、建设"21 世纪海上丝绸之路"合作倡议。"一带一路"倡议是一项涉及 64 个国家、28 亿人口、20 万亿美元生产总值的国际合作开发计划,是党中央、国务院主动应对全球形势深刻变化及我国经济社会发展变化,统筹国内国际两个大局做出的重大战略决策。"一带一路"倡议不仅使沿线国家在经济社会发展中分享了中国智慧和机遇,也为全球经济可持续增长提供新的解决思路和方案,赢得了世界多数国家的认可和支持。5 年来,"一带一路"建设逐渐从理念转化为行动,从愿景转变为现实。从国际看,全球 100 多个国家和国际组织积极支持和参与"一带一路"建设,联合国大会、联合国安理会等重要决议也纳入"一带一路"建设内容;从国内看,31 个省(区、市)和新疆生产建设兵团均与"一带一路"建设战略进行了对接,积极融入"一带一路"建设。

"一带一路"是相关国家携手发展的共赢之路,但在建设过程中会遇到诸多风险。现代保险源于海上贸易的兴起,一部海上保险发展的历史就是大航海时代商品和资本全球流动的历史。保险业的发展和保险技术的进步,为近百年全球化进程提供了有力支持。国务院《关于加快发展现代保险服务业的若干意见》(国发〔2014〕29号)指出,保险是现代经济的重要产业和风险管理的基本手段。从保险业的历史和属性看,保险业与建设"一带一路"是天然契合的,保险业服务"一带一路"建设具有重要意义。服务"一带一路"建设,是保险业讲政治、顾大局,坚持保险服务实体经济的必然要求;也是保险业适应中国对外开放新形势、更好地服务实体经济的必然要求;还是保险业抓住历史机遇、拓展发展空间的必然要求。保险业应抓住机遇,乘势而进,充分发挥资金支持、风险管理、信用管理和监管制度等优势,在为"一带一路"建设提供全方位的风险保障和融资服务,助力"一带一路"建设深入推进的同时,实现自身的国际化发展,这也是历史赋予保险业的重大责任和光荣使命。本书首先阐述了"一带一路"建设的重大意义,其次分析了"一带一路"建设面临的风险,再次梳理了"一带一路"建设对保险的需求,然后介绍了"一带一路"沿线国家保险业发展及服务"一带一路"建设现状,尤其对我国保险资金运用的系统性风险防范、保险产品创新及风险防范进行详细分析,最后提出了我国保险业服务"一带一路"的方向举措。

"一带一路"战略是中国经济发展的必然选择。"一带一路"倡议是对古丝绸之路的继承和提升,是发展的倡议、合作的倡议、开放的倡议,也是连接亚欧非的广阔"朋友圈",顺应了时代要求和各国加快发展的愿望,强调共商、共建、共享原则,合作平等互利方式,追求沿线各国政策沟通、设施联通、贸易畅通、资金融通、民心相通,致力于通过多种形式的合作发展,促进我国与沿线国家的联系交流,发展区域经济战略合作伙伴关系,实现合作共赢。实施"一带一路",对促进中国自身发展具有重要的现实意义,有利于提高中国对外开放程度、促进中国经济转型、保障战略大通道安全以及扩大我国的国际影响力;同时对促进"一带一路"沿线国家经济发展乃至世界经济发展具有重大意义,有利于促进"一带一路"沿线国家发展、整个世界的经济复苏和发展以及世界和平稳定。

"一带一路"实施面临着诸多风险。"一带一路"倡议提出 5 年来,得到越来越多国家和国际组织的积极响应和高度认同,"一带一路"建设正在以实实在在的成果,诠释着和平合作、开发包容、互学互鉴、互利共赢的丝路精神。目前,100 多个国家和国际组织参与进来,40 多个国家和国际组织同中国签署合作协议,众多重大项目不断落地,在基础设施、项目合作、贸易投资等方面取得超预期的进展和成果。同时我们也应该清醒地认识到,"一带一路"沿线国家多是新兴市场国家和不发达国家,经济基础薄弱、政治局势动荡、民族宗教林立、种族冲突不断,"一带一路"建设过程中存在着政治、经济、法律、违约等诸多风险。其中,政治风险包含地缘政治风险、大国博弈风险、国家政局风险;经济风险包括投资环境风险、国际市场环境风险、企业国际经营能力风险;法律风险包括东道国法律法规风险、与东道国政府或企业谈判风险。在当前和未来相当长时期内,这些风险将对"一带一路"建设构成巨大挑战。

"一带一路"建设有着巨大的保险需求。风险管理是保险业的重要属性,是保险区别于其他金融行业的重要特点。作为市场化的风险管理机制与资金融通机制,保险业围绕"一带一路"倡议要求,加快发展海外投资保险和其他保险业务,发挥保险的损失补偿和风险管理作用,积极应对国内"一带一路"核心区、节点城市建设中的特殊风险保障需求和我国海外人员在财产、海外投资中面临的各种风险,从而为"一带一路"建设提供全方位的保险保障。例如,在财产风险保障方面,工程保险、火灾保险、货物运输保险、运输工具险、责任保险、出口信用保险等个性化的保险产品和服务可以为我国"走出去"的企业提供财产风险保障;在人身风险保障方面,务工人员意外伤害保险、失地农民养老保险等险种可以为"一带一路"建设相关人员保驾护航;在资金支持方面,可以充分发挥保险资金规模大、期限长、稳定性高的优势,在依法合规、风险可控的前提下,通过债权投资、股权投资、私募基金、债股结合、资产支持计划等多种方式参与"一带一路"重大项目建设。

沿线国家保险业发展及服务"一带一路"建设的现状。近年来,尽管面临全球经济增长放缓的影响,保险业依然保持平稳发展态势。从区域来看,"一带一路"沿线跨越中国、北亚、中亚、南亚、东南亚、西亚北非、独联体和中东欧等多个经济体,共 65 个国家和地区。总体而言,"一带一路"沿线国家的保险市场大多低于全球平均水平,总体规模尤其是保险深度较小。"一带一路"倡议提出以来,国际保险机构通过构建全球保险服务网络、提供定制化产品和服务等方式,积极参与"一带一路"建设。近年来,中国保险业取得了令人瞩目的成绩,服务经济社会发展的总体实力大幅提高,服务经济社会保障的范围日益扩大,服务基础设施建设的能力持续突破,具有服务"一带一路"建设的良好基础。中国保险业解放思想、大胆探索,一方面统筹推进,做好顶层设计,另一方面主动对接风险保障和融资需求,创新产品和服务,积极服务"一带一路"建设,取得了较好成效。具体来说,一要提供资金支持。保监会加快保险资金运用市场化改革,减少前置审批,放宽投资比例限制,丰富投资形式,支持保险资金参与

"一带一路"建设。二要完善保险服务。保险业针对海外投资项目和出口合同的特点，量身定制保险方案。加强与银行合作，为企业提供信息咨询、融资设计等增值服务，提高企业在大型成套设备出口、境外投资、海外工程承包等方面的竞标优势和投融资能力。三要深化监管合作。加强与亚洲地区保险监管多双边合作，提升我国保险监管的区域影响力。加强"偿二代"在新兴市场的宣传和推广。

我国保险业服务"一带一路"建设的行动方向及举措。保险业要充分认识参与和服务"一带一路"建设的重要意义，切实增强责任感和使命感，制定行之有效的发展策略，建立长效服务机制，主动配合国家战略，在顶层设计、产品服务创新、资金运用、合作机制、风险管控等方面积极行动、主动作为，护航"一带一路"建设的深入推进。一是统筹做好保险业服务"一带一路"建设的顶层设计；二是加强保险业服务"一带一路"建设的产品服务创新；三是创新保险业服务"一带一路"建设的资金运用方式；四要建立保险业服务"一带一路"建设的合作机制；五要提升保险业服务"一带一路"建设的风险管控水平。

周延礼

2018 年 6 月

第一章 "一带一路"倡议是中国
经济发展的必然选择

　　"一带一路"倡议是一项涉及 64 个国家、28 亿人口、20 万亿美元生产总值的国际合作开发计划。"一带一路"倡议的提出,是习近平主席基于对全球形势变化及我国经济社会发展变化的深刻思考,统筹国内国际两个大局做出的重大战略决策。"一带一路"致力于通过多种形式的发展合作,促进我国与沿线国家的联系交流,发展区域经济战略合作伙伴关系,实现合作共赢。

一、"一带一路"提出的时代背景

1. 国际背景

　　当今世界正发生复杂深刻的变化,国际金融危机深层次影响持续体现,世界经济缓慢复苏,国际投资贸易格局和多边投资贸易规则正酝酿着深刻调整。发达国家经济实力日渐衰落,但在短期内仍有主导和影响世界经济的能力,仍是控制国际贸易规则制定及全球治理的主要力量。国际间和大国间的竞争矛盾日趋激烈,区域经济发展作用日益提升。各国充分发挥自身优势,努力寻求破局之法,将互惠互利促进共同发展作为对外开放的重要一环。

一是世界经济发展正处于深度调整期。历经次贷危机和欧债危机之后,虽然各国政府陆续启动了宽松货币政策和积极的财政政策以应对危机,刺激经济发展,但是国际经济一直处于缓慢的恢复阶段,面临诸多不稳定、不确定性因素,大幅回暖的概率较小,全球经济增长新引擎并未明显出现。而经济全球化和经济一体化的脚步逐渐加快,区域经济发展在世界经济图景中的作用日益重要,成为世界经济发展的新动力。但是,由于美国前奥巴马政府主导的 TPP、TIPP 协议门槛较高、目的性较强,广大发展中国家亟须一个更为包容开放、普惠平衡的经济合作框架协议,以减少贸易壁垒、促进跨境商品自由流通,从而推动国际经济合作持续健康发展。

二是国际大国格局博弈变化。苏联解体后,美国成为唯一的超级大国,在世界上占主导地位,但近些年来国内财政赤字居高不下,经济复苏缓慢。中国自从改革开放以来,经济发展十分迅猛,一跃成为世界第二大经济体,客观上存在承担和履行大国责任的要求。美国,一方面希望继续维持美元的主导货币地位,但是贸易逆差导致美元贬值使得各国外汇储备无形中大幅缩水,导致各国不满;另一方面,前奥巴马政府通过推动跨太平洋伙伴关系协议(TPP)、"重返亚太"等战略,竭力拉拢东南亚、南亚国家,客观上加大了亚太地区大国间竞争的风险。我国要掌握对外经贸合作的主动权,降低亚太地区在贸易过程中对美国和美元的依赖程度,有效反制美国的遏制,必须带动周边国家的合作与发展,以扩大我国在国际舞台上的话语权,构建以和平共赢为核心的新型国际关系。

三是"一带一路"沿线国家具有强大发展潜力,亟须通过资源整合加快发展。增长极理论的扩散效应提出,所有位于经济扩张中心的周围地区,都会随着与扩张中心之间交通、通信等基础设施的改善,从中心地区获得资本、人才等,并刺激和促进本地区的发展,逐步赶上中心地区。一方面,我国周边的东盟、中亚、南亚等发展中国家和地区资源丰富,潜力巨大,如中东地区石油和天然气可采储量接近全球一半,亚洲和非洲国家的水能、风能、太阳能等清洁能源理论蕴藏量合计超过全球一半;另一方面,"一带一路"沿线国家多数是新兴市场国家和欠发达国家,亟需加强基础设施建设,解决各种经济问题,缓解经济危机,推动本国发展,因而热切参与国际合作。中国在区域经济中具备资金优势和强大的基础设施建设能力,正处于快速发展时期,与其他国家的能源、劳动力等方面优势能够形成有效互补,相互借力,共同发展。

2. 国内背景

改革开放后,中国大力发展经济,充分引进外资、扩大出口,国际受认可度和国际影响力不断提升。随着世界经济形势和中国经济结构的进一步发展变化,中国经济发展呈现出中高速、优结构、新动力、多挑战等多重特点,对当前的发展模式和开放模式提出新的调整要求。习近平总书记在 2013 年 12 月 10 日的中央经济工作会议上的讲话中指出"从宏观经济稳定和转变经济发展方式的要求看,加快走出去步伐是大势所趋"。

首先,我国推进供给侧结构性改革,需要有更大的市场提供宽松空间。经过改革开放以来近四十年的高速增长,中国当前正处在

"三期叠加"的特殊时期,呈现出三种经济现象,即:从高速增长转为中高速增长,经济结构不断优化升级;从要素驱动、投资驱动转向创新驱动,经济发展步入"新常态";处在新旧结构和发展动能交替的历史转折点,机遇和挑战并存。我国经济生活的供需错位现象表现明显。一方面,煤炭、钢铁、水泥、冶金等基础建设行业由于不断扩大投资形成严重产能过剩;另一方面,教育、旅游、医疗等生活性服务业及高端制造业市场供给相对不足。解决产能过剩的最佳选择,对内是进行供给侧结构性改革,对外则是开辟新的区域市场带动出口消费。

其次,我国东西部区域经济发展不平衡,需要实施大的国家战略激发各地发展活力。受地理位置、资源禀赋、发展进度等诸多因素影响,我国的对外开放总体呈现东快西慢、海强陆弱的格局。虽然历年来提出了西部大开发、东北振兴和中部崛起等发展战略,但东西部区域经济的协调均衡发展进展缓慢。从总体情况看,一方面,东部沿海地区开放程度较高,经济发展迅速,西部内陆地区开放程度相对较低,经济发展缓慢,因而需要拓展西部开放空间,带动西部地区经济发展;另一方面,东部地区虽然有利于出口创新,但多属于劳动密集型产业,随着社会的发展及劳动力成本的提高,也需要开辟新的出口路线来带动产业转型升级,寻找经济发展的新动力。

最后,我国经济与世界经济的融合不断加深,需要构建脉络清晰的联系纽带。随着中国经济的快速崛起,融入全球经济的程度日益加深,随之展现出中国经济国际化发展中存在的部分问题。一方面,亚洲特别是"一带一路"沿线地区是世界上多种自然资源的主要产区,战略位置重要,美国、俄罗斯、欧盟等纷纷要求积极介入中亚事务,对中国在亚洲的国际化发展产生不同程度的阻碍;另一方面,我国企业参与国际化发展的能力不足,虽然对外直接投资规模逐年加大,目标地区的选择和投融资方式日益多元,但企业"走出去"面临多种风险,国别、环境、管理、金融等方面对企业的跨国整合造成极大阻碍,客观上要求我国进一步深化对外开放和国际贸易。

二、实施"一带一路"的现实意义

"一带一路"是中国推动实施的国际性重大经济发展战略,不但是持续推动中国崛起的重大发展战略,而且对"一带一路"沿线国家乃至整个世界的发展都将产生巨大影响。

1. 对促进中国自身发展具有重要意义

2013 年 9 月、10 月习近平主席首次提出"一带一路"倡议后,当年 11 月,十八届三中全会将"一带一路"写入《中共中央关于全面深化改革若干重大问题的决定》,将其上升到国家战略层面;2014 年 12 月,中央经济工作会议将"一带一路"与京津冀协同发展、长江经济带建设共同列为国家三大战略;2015 年 10 月,党的十八届五中全会通过的《中共中央关于制定国民经济和社会发展第十三个五年规划的建议》明确指出,要推进"一带一路"建设,打造陆海内外联动、东西双向开放的全面开放新格局。"一带一路"是中国国家安全与发展的一项宏大战略举措,是中国推进和平发展、合作共赢的一项国际大事业。

一是有利于提高中国对外开放程度。"一带一路"是我国对外开放战略的延伸和创新,与我国新一轮的"西部大开发"和十八大提出的建设"海洋强国"战略相辅相成。"丝绸之路经济带"有助于加强中国与中亚、欧洲的联通,提升中国西部地区对外联系程度,加强西部地区的对外开放,赋予了西部经济发展的重大机遇。"21世纪海上丝绸之路"有利于加强中国东部地区开放,促进中国与东盟国家的经济合作。在"一带一路"发展中,2014年中国对外直接投资首次超过千亿美元,充分说明"一带一路"战略提升了我国对外开放的水平。

二是有利于促进中国经济转型。"一带一路"发展的初期,主要为大规模的基础设施建设,能够促使我国国内水泥、钢铁等优势产能得到充分的挖掘和发挥,推动国内饱和产业转移,为真正实现我国的经济转型奠定基础。同时,"一带一路"的实施可为我国和相关国家带来多产业链、多行业的长久的投资机会,让经济结构充分进行优势互换与调整,从而缓解经济发展速度缓慢、资源浪费程度较大的不合理状态。通过"一带一路"建设,我国可以推出一批国际重点合作项目,从而推动中国经济与世界经济相融合,构建"一体两翼"的开放型经济新体制和新机制。

三是有利于保障战略大通道安全。随着我国经济的快速发展,对能源等物资的需求越来越大,面对国内产量远远不足以及目前60%—70%的石油通过马六甲海峡和霍尔木兹海峡运输的现状,安全问题不容轻视。通过"一带一路"建设,一方面能够促进我国与油气资源丰富的中亚地区互联互通、交流合作;另一方面,将增加我国西向通道的多样性,避免过于依靠马六甲海峡线路的风险,从而确保我国的能源战略的安全。

四是有利于扩大我国的国际影响力。在《推动共建丝绸之路经济带和21世纪海上丝绸之路的愿景与行动》中提到,"一带一路"的合作重点在于政策沟通、设施联通、贸易畅通、资金融通和民心相通,这"五通"涵盖了政治、经济、工程建设、金融贸易、学术文化等各个方面,有利于中国全方位、多角度地与"一带一路"沿线国家交流,深化双多边合作,便于世界了解中国,有利于提升我国的国际形象,扩大我国的国际影响力。

2. 对促进"一带一路"沿线国家经济发展乃至世界经济发展具有重大意义

"一带一路"沿线各国唇齿相依,命运与共,"一带一路"倡议不但将极大地促进中国国内的经济社会发展,更将逐步推进沿线各国的迅速发展。打造政治互信、经济融合、文化包容的利益共同体、责任共同体和命运共同体,是"一带一路"建设的重要目标。国家主席习近平在"一带一路"国际合作高峰论坛欢迎宴会上致辞时指出,"人类生活在共同的家园,拥有共同的命运,人类历史始终在不同民族、不同文化的相遇相知中向前发展"。

首先,有利于促进"一带一路"沿线国家发展。"一带一路"建设首先着眼于"一带一路"沿线,主张加强区域政治、经济、文化等各方面的合作,为各国各地区经济合作开辟了新的路径,有利于改善区域空间关系,建构区域合作伙伴关系,为沿线国家营造了良好的发展环境,为之后的合作奠定了良好的关系基础。"一带一路"战略的首要任务是加强基础设施建设和贸易联通,有利于推动沿线国家经济发展,并通过资源的互通有无和优势互补,寻找各国的发展新机遇,带动沿线国家共同繁荣发展。

其次,有利于整个世界的经济复苏和发展。"一带一路"的发展构想联通了亚、欧、非三块大陆,在地域上占据了整个世界的较广范围,拥有世界上跨度最长的经济大走廊,是世界上最具发展潜力的经济带。"一带一路"沿线大多是发展中国家,经济发展较为落后,通过基础设施和经济贸易的互联互通,将加强沿线国家的经济合作,促进区域经济一体化的共同进步,最终推动世界整体经济水平提高,有效促进世界经济走向平衡。

最后,有利于世界和平稳定。"一带一路"将打造新的区域利益共同体和命运共同体,将完善区域内基础设施建设,促进贸易投资自由化,使泛亚和亚欧区域合作迈上一个新台阶。"一带一路"建设的不断推进,也为规避和消解多种"全球风险"提供了新路径。2017年3月,联合国安理会一致通过关于阿富汗问题的第2344号决议,首次写入"构建人类命运共同体"理念,呼吁国际社会通过"一带一路"建设等加强区域经济合作,敦促各方为"一带一路"建设提供安全保障环境,加强发展政策战略对接,推进互联互通务实合作,这充分体现了国际社会对中国全球治理理念的认同与支持。

三、"一带一路"实施情况

1. "一带一路"行动框架

2015年3月28日,国家发展改革委、外交部、商务部联合发布了《推动共建丝绸之路经济带和 21 世纪海上丝绸之路的愿景与行动》,其中明确阐述了"一带一路"的行动框架。

"一带一路"贯穿亚欧非大陆,一头是活跃的东亚经济圈,一头是发达的欧洲经济圈,中间广大腹地国家经济发展潜力巨大。丝绸之路经济带重点畅通中国经中亚、俄罗斯至欧洲(波罗的海);中国经中亚、西亚至波斯湾、地中海;中国至东南亚、南亚、印度洋。21 世纪海上丝绸之路重点方向是从中国沿海港口过南海到印度洋,延伸至欧洲;从中国沿海港口过南海到南太平洋。

根据"一带一路"走向,陆上依托国际大通道,以沿线中心城市为支撑,以重点经贸产业园区为合作平台,共同打造新亚欧大陆桥、中蒙俄、中国—中亚—西亚、中国—中南半岛等国际经济合作走廊;海上以重点港口为节点,共同建设通畅安全高效的运输大通道。中巴、孟中印缅两个经济走廊与推进"一带一路"建设关联紧密,要进一步推动合作,取得更大进展。

"一带一路"的合作重点在于"政策沟通、设施联通、贸易畅通、资金融通、民心相通",在构建多层次政府间宏观政策沟通交流机制的基础上,优先建设交通、能源、光缆等基础设施,形成亚欧非之间的基础设施网络。通过贸易畅通和资金融通消除投资贸易壁垒,加大投融资力度,加强金融监管合作,从而建设良好的营商环境,推动投资贸易便利化发展。充分发挥民间交流的桥梁和纽带作用,继续传承和弘扬丝绸之路的友好合作精神,为深化双多边合作奠定坚实的民意基础。

2. "一带一路"合作机制

首先,在"一带一路"倡议提出之前,沿线国家已形成一些双多边合作机制,例如东盟、大湄公河次区域经济合作(GMS)、海合会、亚太经合组织(APEC)、亚欧会议(ASEM)、亚洲合作对话(ACD)等。"一带一路"倡议以其巨大的包容性与开放性,积极寻求与区域内现存组织的对接,互惠互利,协同推进,实现双多边互利共赢。同时,针对不同的区域形势,因地制宜,"一带一路"将催生更多的双边或多边合作机制,进一步增强合作深度,拓宽合作领域,提高合作水平,推动"一带一路"由虚向实,取得更大进展。

其次,"一带一路"倡议提出后,实现了与诸多沿线国家国内经济发展战略的有机对接。我国同有关国家协调政策,包括俄罗斯提出的欧亚经济联盟、东盟提出的互联互通总体规划、哈萨克斯坦提出的"光明之路"、土耳其提出的"中间走廊"、蒙古国提出的"发展之路"、越南提出的"两廊一圈"、英国提出的"英格兰北方经济中心"、波兰提出的"琥珀之路"等。中国同柬埔寨"四角"战略、印度尼西亚的"全球海洋支点"构想、老挝、缅甸、匈牙利等国战略的规划对接工作也全面展开。另有不少国家表现出强烈的合作和对接意愿。

最后,深化"一带一路"框架下的合作机制。我国作为倡议的主导方,为保证"一带一路"的顺利落实,已经从政治和经济两方面对合作机制进行了系统建构,努力推进沿线合作。2014 年 10 月 24日,包括中国、印度在内 21 个首批意向创始成员国的财长和授权代表在北京签约,共同决定成立亚洲基础设施投资银行,法定资本金1000 亿美元,重点支持区域内国家的基础设施建设。到目前为止,亚洲基础设施投资银行已经为"一带一路"建设参与国的 9 个项目提供 17 亿美元贷款。2014 年 11 月 8 日,中国宣布将出资 400 亿美元成立丝路基金,为"一带一路"沿线国家基础设施建设、资源开发、产业合作等有关项目提供投融资支持,并在"一带一路"国际合作高峰论坛上宣布将向丝路基金新增资金 1000 亿元人民币,鼓励金融机构开展人民币海外基金业务。中国同中东欧"16+1"金融控股公司正式成立。2015 年 2 月,中央成立"一带一路"建设工作领导小组,从政策设计层面对"一带一路"的整体推进与合作落实予以协调。此外,我国在东北亚、东南亚、南亚、中亚,依据不同的现实情况,因地制宜建立了"中蒙俄经济走廊""孟中印缅经济走廊"以及"中巴经济走廊"等,持续推动走廊沿线经济发展。

3. "一带一路"实施进展

自 2013 年以来,"一带一路"建设取得明显成效,100 多个国家和国际组织积极响应,40 多个国家和国际组织同中国签署合作协议,联合国大会、联合国安理会等重要决议也纳入"一带一路"建设内容。以中巴、中蒙俄、新亚欧大陆桥等经济走廊为引领,以陆海空通道和信息高速路为骨架,以铁路、港口、管网等重大工程为依托,一个复合型的基础设施网络正在形成。"一带一路"建设理念逐渐转化为行动,愿景慢慢转变为现实,建设成果丰硕。

一是国内出台支持政策。中国将整体划分为西北 6 省、内陆 1 市、西南 3 省、东北 3 省、东南 5 省等 5 大区域,新疆和福建是"一带一路"的关键省份,新疆是"丝绸之路经济带核心区",福建是"21 世纪海上丝绸之路核心区"。各省根据发展的侧重点不同,大都制定了本省对接"一带一路"战略相关举措,如西北 6 省和福建、广东、黑龙江等关键省份均出台了专项规划和实施方案。其中,新疆、青海、甘肃、陕西、宁夏、内蒙古、黑龙江、福建、广东、湖南和江西等省区市出台总体规划/实施方案/建设方案/行动计划;甘肃、重庆、广西、上海、广东、浙江和海南等省市列入"十三五"规划。同时,各部委相继出台落实推进方案,教育部、国务院、工信部、科技部、文化部等部门发布《推进共建"一带一路"教育行动》《"十三五"国家科技创新规划》《促进中小企业国际化发展五年行动计划(2016—2020年)》《推进"一带一路"建设科技创新合作专项规划》《文化部"一带一路"文化发展行动计划(2016—2020年)》等文件,全方位推进"一带一路"建设发展。

二是经贸合作、对外投资建设持续升温,重点项目纷纷落地。在经贸合作方面,通过扩大沿线国家进出口贸易,发展跨境电子商务,支持中欧班列有序发展,开展中欧—东盟博览会等一系列贸易投资促进活动等,我国与"一带一路"沿线国家的贸易往来不断提升。2016年,我国与"一带一路"沿线国家的进出口总额为6.3万亿元人民币,增长0.6%,其中出口3.8万亿元,增长0.7%;进口2.4万亿元,增长0.5%。截至2016年底,我国与东盟完成了自贸区升级谈判,与其他一些国家的自贸区谈判也已经完成或在积极推动。我国与沿线国家的经济已经深度融合,我国企业已经在"一带一路"沿线20多个国家建设了56个经贸合作区(境外经贸合作区包括加工区、工业园区、科技产业园区等),累计投资185.5亿美元,入区企业1082家,总产值506.9亿美元,上缴东道国税费10.7亿美元,为当地创造就业岗位17.7万个。在对外投资方面,2016年,我国企业共对"一带一路"沿线53个国家进行了非金融类直接投资145.3亿美元,占同期总额的8.5%,同比下降2个百分点,主要流向新加坡、印尼、印度、泰国、马来西亚等国家和地区。在推动重大项目建设方面,中国在沙特最大的投资项目,中国石化首个海外炼化项目——延布炼厂项目已于 2016 年初正式投产启动;哈萨克斯坦苏克石油天然气公司(港资)、帕德玛大桥及河道疏浚项目、巴基斯坦喀喇昆仑公路二期、卡拉奇高速公路、中老铁路已开工建设,土耳其东西高铁、匈塞铁路等项目正在有序推进。

三是"一带一路"沿线国家积极响应。"一带一路"倡议提出三年多来,已经得到全球 100 多个国家和国际组织的响应和支持,我国先后与沿线国家签订了近 50 份政府间合作协议、70 多份与包括一些国际组织在内的部门间合作协议,联合国大会、安理会、亚太经合组织、大湄公河次区域合作等相关决议和文件都纳入或体现了"一带一路"建设内容。2014 年亚投行初始签约时,仅有包括中国、印度、新加坡等在内 21 个首批意向创始成员国。截至 2017 年 3 月,亚投行批准中国香港在内的 13 个新成员加入亚投行,成员总数达到了70 个,成为仅次于世界银行的全球第二大多边开发机构。4 月,世界银行集团与亚投行签署谅解备忘录,加强两个机构之间的合作与知识共享。

四是交流合作平台初步建立。"一带一路"为全球经贸合作和文化交流提供了一个新的平台,对促进世界经济文化发展具有深远影响。通过中国—东盟博览会、中国—亚欧博览会、广交会等大型综合性展会平台,开展了一系列贸易投资促进活动,取得了良好效果。2015 年 4 月,中共中央对外联络部牵头,联合国务院发展研究中心、中国社会科学院和复旦大学成立了"一带一路"智库合作联盟,为各研究机构搭建了信息、资源和成果共享的交流平台,为中国及沿线国家政府建言献策。2017 年 5 月,我国召开"一带一路"国际合作高峰论坛,29个国家元首和政府首脑出席论坛,在14日下午举行的"一带一路"国际合作高峰论坛高级别会议聚焦"政策沟通"的平行主题会议上,与会嘉宾签署了32个双边、多边合作文件以及企业合作项目,涉及18个国家和8个国际组织。"一带一路"以共商、共建、共享为原则,以开放包容为特征,以互利共赢为追求,正在成为影响未来世界发展方向的全球参与战略,未来必将建成"和平、繁荣、开放、创新、文明"之路。

第二章 "一带一路"实施面临的风险分析

　　"一带一路"建设是一项愿景宏大的长期任务。"一带一路"建设首次提出至今仅有四年多时间,得到越来越多国家和国际组织的积极响应和高度认同,"一带一路"建设正在以实实在在的成果,诠释和平合作、开放包容、互学互鉴、互利共赢的思路精神。同时我们也应该清醒地认识到,"一带一路"沿线国家多是新兴市场国家和不发达国家,"一带一路"建设过程中存在着诸多风险。

一、"一带一路"项目建设情况

　　目前,已有100多个国家和国际组织表达了与中国合作推进"一带一路"建设的意愿,中国与沿线国家签署了一系列合作协议,众多重大项目不断落地,"一带一路"的建设影响和成效远超预期。

1. "一带一路"项目建设总体情况

　　自2013年提出"一带一路"倡议以来,伴随中国与"一带一路"

相关国家双边、多边等多层次经济合作协议的签署和实施,一批重大标志性项目建成投产或开工建设。截至 2016 年底,我国企业在"一带一路"沿线国家新签对外承包工程项目合同 8158 份,新签合同额 1260.3 亿美元,占同期我国对外承包工程新签合同额的 51.6%,同比增长 36%;完成营业额 759.7 亿美元,占同期总额的 47.7%,同比增长 9.7%。截至 2016 年 7 月底,已知的"一带一路"相关项目达 700 多项,中国作为投资者和(或)承包商参与其中。其中信息较为完备的项目有 590 个,项目总价值达 1.2 万亿美元(见表 2.1)。这些项目覆盖基础设施、农业、文化交流和旅游等行业,其中,74% 的项目都属于基础设施建设类项目,占项目总价值的 86%;农业、文化交流和旅游占项目数的 10%,占项目总价值的 4%。

表 2.1 截至 2016 年 7 月底中国投资"一带一路"项目的个数和项目价值

项目类型		项目价值合计(10 亿美元)			已公布项目价值的项目数(单位:个)	未公布项目价值的项目数(单位:个)
		中国	海外	总计		
基础设施	交通	619	95	714	277	44
	通信	3	0	3	2	1
	供水和卫生	2	2	4	9	1
	能源和资源	77	96	173	91	25
	其他基础设施	88	50	138	56	12
农业	农林牧渔	14	2	16	21	1
文化交流、旅游	文化交流、旅游	31	6	37	34	1

续表

项目类型		项目价值合计(10亿美元)			已公布项目价值的项目数(单位:个)	未公布项目价值的项目数(单位:个)
		中国	海外	总计		
其他	产能合作	11	10	21	29	3
	工业园区	40	14	54	42	19
	商业建筑	29	16	45	29	7
总计		914	291	1205	590	114

资料来源:瑞士再保险研究报告《中国"一带一路"规划及其对商业保险的影响》2016年10月。

　　按照官方最初规划,"一带一路"涉及60多个国家和地区,现已有100多个国家和国际组织参与到"一带一路"建设中。截至2016年9月,我国已与70多个国家、地区和国际组织完成战略对接。可以预见,中国未来与"一带一路"沿线国家的项目投资合作前景广阔。据预测,2015—2030年,"一带一路"建设的基础设施项目将跨越中国和多个国家,包括运输网络、发电厂、石油和天然气管道、IT设施等诸多领域,基础设施建设总需求将超过20万亿美元;"一带一路"项目(不限于基础设施)总投资预计将达到7.4万亿美元左右,其中超过80%为基础设施建设投资(详见表2.2)。中国也将通过资金支持或项目建设支持深入参与到"一带一路"建设项目中,预计到2030年,中国作为投资者和(或)承包商参与的境外投资总价值将达到5.1万亿美元。

表 2.2　预计至 2030 年,"一带一路"建设的项目价值

项目类型		合计项目价值(10 亿美元)		
		中国	海外	总计
基础设施	交通	649	1557	2206
	通信	203	546	749
	供水和卫生	241	212	453
	能源和资源	662	1211	1873
	其他基础设施	259	704	963
农业	农林牧渔	31	96	127
文化交流、旅游	文化交流、旅游	69	174	243
其他	产能合作	39	111	150
	工业园区	101	288	389
	商业建筑	85	204	289
总计		2339	5103	7442

资料来源:瑞士再保险研究报告《China's Belt & Road Initiative:the impact on commercial insurance in participating regions》2017 年 4 月。

　　在区位分布方面,中国对"一带一路"直接投资主要集中在东南亚(东盟)、中东(西亚)和南亚地区,中东欧地区吸引中国投资的起点较低,但增长迅速。2013 年以来,中国对东南亚、中亚和南亚等主要"一带一路"国家和地区直接投资总额大幅上涨,对三个区域直接投资占世界总投资的比重亦有所上升。2014 年和 2015 年,中国对三个区域总投资同比增速分别为 12% 和 37%,主要原因是中国对东南亚的直接投资分别增长 8% 和 87%(中国对东南亚国家的直接投资占比 80% 以上)。预计至 2030 年,东南亚很可能成为"一带一路"投资最多的地区(详见表 2.3)。

表 2.3 预计至 2030 年,"一带一路"建设项目的地区分布及价值情况

合计项目价值(10 亿美元)								
项目类型	非洲	中东欧	蒙古和俄罗斯	中东	东南亚	南亚	中亚	总计
基础设施 交通	123	158	232	137	565	268	75	1558
通信	19	70	45	55	203	97	57	546
供水和卫生	12	41	8	36	80	19	17	213
能源和资源	79	106	136	131	493	146	121	1212
其他基础设施	46	75	84	72	267	106	54	704
农业 农林牧渔	6	10	11	10	36	14	7	94
文化交流、旅游 文化交流、旅游	11	19	21	18	66	26	13	174
其他 产能合作	7	12	13	11	42	17	8	110
工业园区	19	31	34	29	110	43	22	288
商业建筑	13	22	24	21	78	31	16	205
总计	335	544	608	520	1940	767	390	5104

资料来源:瑞士再保险研究报告《China's Belt & Road Initiative:the impact on commercial insurance in participating regions》2017 年 4 月。

2. "一带一路"项目建设的特征分析

(1)能源、交通运输、房地产和农业等是我国对"一带一路"沿线国家主要投资领域

"一带一路"倡议提出后,中国对外投资增速加快,其中 2015 年东亚和西亚的投资分别增长 150.31% 和 12.9%。产业层面,按照投

资规模排名,主要分布在能源、交通运输、有色、房地产、科技、金融、农业、旅游和娱乐,其中占比最高的是能源投资,投资规模为5946.1亿美元,占总投资的40%;其次是交通运输规模2689.1亿美元,占总投资18%。近两年中国对欧美的投资加速,投资主要集中在科技、金融和旅游业。

具体来看,能源投资主要集中在亚洲地区,西亚占比22.25%、东亚占比15.11%,欧洲占比9.79%,阿拉伯中东、北非占比9.18%。交通运输方面,欧洲占比19.11%,其次为西亚15.83%、阿拉伯中东、北非占比12.20%。房地产投资方面,东亚、阿拉伯中东、北非和欧美几个地区旗鼓相当。科技投资主要在欧美地区,占比60%以上。金融投资也主要集中于欧美,占比70%以上。农业投资主要在欧洲和美国,阿拉伯中东、北非、东亚也有部分。旅游和娱乐主要投资在欧美,均占70%以上。

(2)我国对外投资企业主要是国有企业,投资项目得到东道国政府不同程度的支持

目前,国有企业仍然是"一带一路"建设的主力军,国有企业以大型基础设施建设为先导,为民企"走出去"创造完备的路线、交通、资源、产业园区等基础条件,形成"国企搭台,民企唱戏"的格局。2015年7月,国资委发布《"一带一路"线路图》,发布了"交通丝路""海上丝路""空中丝路""能源丝路""电力丝路""信息丝路"六个部分的重大项目进展情况,行业主要分布在交通、海运、航空、能源、电力、通信等领域。涉及央企包括中交集团、中国中铁、中国海运、中远集团和招商局集团、中国国航、东方航空和南方航空,南方电网、中国国家电网、中国石油、中国石化、中国联通、中国移动和中国电

信等。

在 2015 年至 2016 年上半年十大投资项目的投资主体中(见表 2.4),除了中润资源投资股份有限公司、中民国际控股有限公司和江苏长电科技股份有限公司以外,其他 7 家都是国有企业。而且有相当一部分项目都是与东道国政府相关的,具体可以分为以下几种情况。第一,具有东道国政府背景的机构直接参与项目交易。例如,中国广核集团 23 亿美元收购的埃德拉公司是马来西亚国家投资基金一马发展有限公司的子公司。第二,东道国政府发展战略规划项目。例如,中铁股份有限公司投资的"大马城"项目得益于当地政府的发展规划。第三,两国高层领导人互访签署项目。例如,珠海港控股集团有限公司与中国海外港口控股有限公司(中海港控)合作建设港口项目是 2015 年 4 月中国国家主席习近平访问巴基斯坦时,与巴方签署 460 亿美元(包括对瓜达尔港口)的"中巴经济走廊"基础设施投资协议的一部分。

表 2.4　2015 年至 2016 年上半年中国对"一带一路"沿线国家前十大投资项目

单位:亿美元,%

序号	项目名称	投资企业	东道国	投资额	持股比例	产业
1	中国广核集团 23 亿美元收购埃德拉公司项目	中国广核集团	马来西亚	23.0	100	能源
2	珠海振戎投资缅甸炼油厂项目	珠海振戎	缅甸	21.0	70	能源
3	中铁股份有限公司投资"大马城"项目	中铁股份有限公司	马来西亚	20.1	—	运输
4	上海国际港务获得海法新港码头特许经营权项目	上海国际港务	以色列	19.9	—	运输

续表

序号	项目名称	投资企业	东道国	投资额	持股比例	产业
5	中润资源投资股份有限公司收购铁矿国际(蒙古)有限公司、明生有限公司、蒙古新拉勒高特铁矿有限公司股权	中润资源投资股份有限公司	蒙古国	19.4	—	矿产
6	江苏长电科技股份有限公司收购星科金朋公司	江苏长电科技股份有限公司	新加坡	16.6	100	技术
7	珠海港控股集团有限公司与中国海外港口控股有限公司合作建设港口项目	珠海港控股集团有限公司	巴基斯坦	16.2	—	运输
8	中民国际控股有限公司在新加坡成立中民国际资本投资公司	中民国际控股有限公司	新加坡	15.0	—	金融
9	中石化13.38亿美元收购俄石化10%股权项目	中石化	俄罗斯联邦	13.4	10	能源
10	神华集团中标印度尼西亚煤电项目	神华集团	印度尼西亚	13.2	70	能源

资料来源:根据 Heritage Foundation 相关统计数据整理。

同时,民营企业在"一带一路"建设当中发挥的作用越来越突出,产业投资高端化、企业抱团"走出去"、从发展中国家进军发达国家的趋势明显,华为、联想、长城、三一重工、吉利、红豆、万达等大型民营企业在"走出去"的过程中获得了较好的成果。

(3)我国对外投资企业大都具有竞争优势,投资项目契合东道国经济发展需要

中国对"一带一路"相关国家直接投资基本符合传统的对外投资理论,即相对于东道国企业来说,中国对外投资企业基本都具有所

有权优势。在 2015 年至 2016 年上半年十大投资项目中,中国企业在自己所经营的领域都具有较强的竞争优势,大部分都位于世界或中国 500 强之列。同时,中国企业投资项目较好地契合了东道国经济发展的需要,有利于推动当地经济的发展。以珠海振戎公司投资缅甸炼油厂项目为例,该项目不仅在很大程度上满足了缅甸对燃油的需求,帮助缅甸首次建立整套石化体系,而且直接或间接带动数万人就业,为缅甸政府每年创造数亿美元的财政收入,有力推动了缅甸经济社会的发展。

(4)我国对外投资项目大都周期较长,受东道国风险不确定因素影响较大

2015 年,中国对"一带一路"投资主要分布在能源、交通运输、有色、房地产、科技、金融、农业、旅游和娱乐,其中能源投资和交通运输投资规模合计为 8635.2 亿美元,占总投资 58%。在 2015 年至 2016 年上半年中国对"一带一路"相关国家投资前十大项目中,按投资金额计算,能源、交通运输和矿产所占比例分别为 39.71%、31.61% 和 10.91%,其中能源和交通运输这两项投资额占前十大项目的比重就超过 70%,如果把矿产投资也加上,这三项投资额所占比例超过了 80%。能源、矿产、交通运输等行业具有投资周期较长、固定投资巨大等特性。投资周期较长增加了项目在建设、运营期间遭遇风险事件的不确定性。而固定投资巨大则导致项目在遭遇风险事件时难以快速变现或转移,容易遭受冲击,且一旦遭遇风险事件,往往损失巨大。因此,相关投资及其项目价值受东道国政治、经济及社会环境的影响较为明显。

二、"一带一路"项目建设风险分析

在经济全球化趋势不断加强、地区经济合作出现新高潮的背景下,"一带一路"长辐射、宽领域、多层次的地区经济贸易合作,既为企业"走出去"提供了良好的发展机遇,但同时又带来更大的风险。"一带一路"沿线国家多是新兴市场国家和不发达国家,中国企业面临着政治风险、经济风险、法律风险和违约风险等的考验。

1. 政治风险

欧亚大陆自古就是多文明汇聚之地,也是矛盾交汇之所。地缘争端和领土纠纷、国内政局变化和利益集团分歧、宗教极端主义、恐怖主义和分离主义威胁等问题,使这一区域既是地缘政治冲突的热点地带,也是全球主要政治力量角逐的焦点区域。再加上"一带一路"项目一般周期较长,"一带一路"建设将面临着各种政治风险。

（1）地缘政治风险

"一带一路"沿线民族众多,宗教林立,各区域之间历史遗留问题多,加之很多国家处于经济转轨过程中,政治风险上升,可以说是全球最不稳定地区。21世纪以来,尽管沿线地区国家间大规模军事冲突的可能性已经大大降低,但是以"三股势力"为代表的跨境政治动员与行动网络对该地区多民族国家的政治体制造成严重威胁,这不仅挑战中国西北边疆地区的安全稳定,也成为推进"一带一路"建设的严重挑战。2015年以来,地缘政治危机的扩散效应更加明显,影响范围更加广泛,呈现出长期化、复杂化、僵持化态势。总体而言,当前地缘政治风险仍主要集中在西亚北非、中东欧以及亚太地区。在西亚北非地区,除巴以问题外,沙特、伊朗、土耳其等地区大国争夺地区领导地位的斗争有加剧之势。在中东欧地区,乌克兰危机依然难解,俄罗斯同西方国家的关系持续退化,美欧等西方国家延长了对俄罗斯的系列制裁措施,地区局势依然紧张。在亚太地区,美国"亚太再平衡战略"与日本"正常国家"战略相互配合,利用东盟国家不断挑起事端,这也构成了"一带一路"投资的潜在风险。

(2)大国博弈风险

"一带一路"途经世界主要地缘政治关节点,地缘位置重要、资源优势明显,历来是大国角力的焦点区域。美国、欧盟、日本、俄罗斯在这一区域影响力及话语权较为强大,美国的"新丝绸之路"计划、俄罗斯的"欧亚联盟"计划等都与中国的"一带一路"存在区域的重合。"一带一路"重新开启阻滞多年的亚欧经济交通大动脉,实现各国互联互通,再配之以人民币"走出去",势必改变目前的地缘政治和经济格局。所以"一带一路"倡议被认为是对美欧主导的秩序构成挑战,影响了美国泛太平洋战略经济伙伴关系协定(TPP)战略、新丝绸之路计划和"重返亚太"的步伐,必然会引起美国及其盟友的担心。俄罗斯在"一带一路"沿线国家的影响力不可小觑,俄罗斯与中亚国家山水相连,在地理上具有不可分割的联系,中亚地区是俄罗斯的重要能源产地和商品销售市场。俄罗斯近年来一直致力于推动"欧亚经济联盟"。此外,日本作为全球经济大国,虽然军事上面临种种限制,但仍然希望保持其在亚洲地区的重要地位。可见,"一带一路"沿线国家和地区历来是政治敏感地带,中国在该地区的一举一动都可能引起其他大国的关注。此外,在该地区实施的项目,也很有可能面临其他大国"抢单"的情况,造成合同终止,对前期投入的巨大资金造成损失。

(3)国家政局风险

作为一项覆盖亚欧大陆的大规模经济合作协议,"一带一路"建设有赖于良好的政治、安全环境,尤其是沿线国家内部局势的相对稳定。"一带一路"战略沿线地区许多国家是所谓"转型国家",正处于新旧体制转轨期、"民主改造"探索期和社会局势动荡期,政局不稳,权力争夺激烈,民族矛盾激化,宗教问题严重,特别是那些受西方大国影响、渗透、干预和掌控的国家,内部政治对立和外部大国博弈相互交织,国内矛盾更为尖锐复杂,使得国内政局呈现出长期性、结构性的动荡态势,在很大程度上影响到这些国家的政策稳定性和持续性,将对"一带一路"构成系统性风险。部分国家党派势力为争取选票,往往以顺应"民意"为由,将我国的投资项目作为利益交换筹码,进行阻挠干扰,即使对当地有利也难以开展。部分国家政党轮换情况常见,新上台的政党往往要扶持符合自己利益的项目,无法保证遵守前任的承诺,"一带一路"战略面临被搁置的风险。一些国家为转嫁国内政治矛盾,也可能单方面宣布搁置在建项目。例如,泰国政局动荡,导致中泰"高铁"计划流产;缅甸国内政局不稳,加上美国特工煽动破坏,导致中缅密松大坝工程和中缅合资的莱比塘铜矿项目被叫停。2015年1月,斯里兰卡新总理迈特里帕拉·西里塞纳上台后,叫停了前总理马欣达·拉贾帕克萨批准的中国企业承包的位于首都科伦坡的总额为14亿美元的港口城项目。尽管2015年3月西里塞纳总理来华访问表明该项目可能会获得重启,但工程延误将大大增加中国企业的经济成本。

2. 经济风险

受内外部投资环境和企业自身因素影响,"一带一路"建设过程中,中国企业将面临着经济风险压力。

(1)部分沿线国家投资环境不佳的风险

"一带一路"沿线国家主要是发展水平较低的新兴市场国家或发展中国家,部分沿线国家经济增速结构性的难题依然突出,东南亚、南亚、中亚诸多国家需要继续推动经济改革和产业结构调整,寻找新的经济增长点;而中东欧国家则需要增强经济增长的内生性,逐步摆脱对外部资金的过度依赖。后金融危机时代,部分"一带一路"沿线国家经济基础薄弱、抵御内部风险和外部风险冲击能力较弱的问题持续暴露,部分国家宏观政策的连续性和稳定性难有保证,经济政策及产业政策的调整对外国直接投资的影响较大,长期稳定的投资与商业环境难以形成。另外,部分国家财政实力偏弱,政府财政赤字较高,经常账户逆差,面临一定的财政风险。例如,巴基斯坦外汇储备低、外债高、本币持续贬值,而且抗外部风险能力差。2013年,巴基斯坦外汇储备为95.7亿美元,远低于国际货币基金组织为巴基斯坦设定的137亿美元的外汇储备充足指标。2009—2013年,巴基斯坦外债总额都在600亿美元以上,负债率持续高于20%的国际警戒线。再如,西亚的科威特、沙特阿拉伯等国短期债务占比比较高,爆发风险可能性较大。这些国家本身就缺乏充足的资金用于相关投资,再加上"一带一路"相关基础设施投资的收益率偏低,使得这些国家的政府对"一带一路"出资不确定。

（2）国际市场环境影响的风险

国际宏观环境变化造成的经济风险是"一带一路"项目面临的重大挑战之一。许多"一带一路"沿线国家属于新兴市场。各国在经济方面表现不一，这些经济体易普遍受到世界经济复苏乏力、大宗商品价格波动、汇率波动以及国际资本流动风险等因素的外部冲击。特别是部分沿线国家经济结构和进出口结构比较单一，主要依靠出口大宗商品和石油，国内经济规模小，国内经济对世界经济轻微扰动都非常敏感。加之，沿线部分国家对国外资本依赖度高，美国结束量化宽松政策是一个大概率事件，一旦造成资本大规模外流，这些国家可能同时面临货币贬值、汇率波动和信贷紧缩压力。在一些国家，不良贷款已有所攀升。据估计，2012 年巴基斯坦不良贷款比重高达 12.4%。

（3）受我国企业国际经营能力不足影响的风险

受一些地方、部门急功近利心态影响，中国企业在大举"走出去"的同时，各自之间也存在不少一哄而上、恶性竞争的现象。从海外投资环境看，投资与市场机会不利，中国企业与西方跨国公司相比有明显的"后发劣势"，只能到投资环境差、风险高的国家和行业去寻找机会。从企业自身因素看，因我国海外投资起步较晚，企业不熟悉国际市场、缺乏海外投资经验，以及会计、律师、咨询等中介机构发展程度低、风险评估能力弱等问题比较突出。从国内协调机制看，中国企业"走出去"困难众多，但反映最多的还是协调难。在"走出去"过程中，时常出现信息不对称、资源碎片化、工作不连续、落实不到位甚至打乱仗等问题，既不利于力量整合统筹，也易造成资源重复浪费，不利于"一带一路"建设的顺利进行。

3. 法律风险

"一带一路"沿线国家众多,所属法系各有不同,法制环境复杂多元,法制环境不佳或者对东道国法律的理解出现偏差引发的风险仍较为显著。根据中国与全球化研究中心(CCG)2014 年的调查结果显示,16%的投资事件是直接或间接因为法律原因导致投资受损或最终被迫停止投资的。

(1)东道国法律法规风险

一是法律、法规缺乏一致性引发的风险。"一带一路"战略沿线国家多达 60 多个,其中大多数都属于新兴经济体和发展中国家,自身的法律体系不尽相同,在国家安全、反垄断、环境保护、劳工、税务以及行业限制等方面都有不同的规定。例如哈萨克斯坦、土库曼斯坦等国家不是世界贸易组织成员,这些国家有关法律、政策不受世界贸易组织法律制度的约束,其许多法律规范、政策与世界贸易组织要求不一致,在通关程序、技术输出和引进、反倾销政策方面存在壁垒。哈萨克斯坦《建筑法》规定:外国投资者可以以合资企业的形式进入哈萨克斯坦建筑业,但外资在建筑合资企业中的持股比重不得超过49%,这一规定实际上极大限制了外国股权比例或投资总额。

二是法律、法规不完善引发的风险。法律风险和政治风险中的政府行为紧密相连,有些国家缺乏立法基础与条件,人治多于法治,执法机制不健全,依法合规难度大。当东道国政府改变其针对外国投资者的法律法规政策等,或者制定与原有法律法规不一致或者相冲突的新的法律法规,将给外国投资者造成不利的影响,其中最常见的就是东道国对外国投资的企业实行征收和国有化措施。例如,中石油在委内瑞拉购买油田,左翼新政府上台后,将中石油对这个油田的所有权由 100% 降低到 25%。上述案例说明了"一带一路"建设在个别国家投资存在很大的法律风险,投资方难以保障自身正当利益,维权困难。

三是法律、法规缺乏连续性引发的风险。沿线国家有关投资的相关政策与法律经常会因为外部经济环境的变化而进行调整,极有可能为了维护本国产业安全不断调整相关法律政策,政策的反复变动对市场化投资势必带来风险。例如,蒙古国 2000—2010 年数次对其《矿产法》进行反复修订和调整,导致中国对蒙古国矿业投资多次出现波动。

(2)与东道国政府或企业谈判中存在的风险

"一带一路"沿线国家对外国投资合作的法律法规和政策规定的完善程度参差不齐,与中国签订的国际双边或多边投资协定的内容层次深浅不一。"一带一路"建设项目中基础设施和能源领域占相当大的比例,而这类领域的业务往往涉及中国企业与东道国政府或代表政府的企业谈判,特别是在采用 PPP 模式的情况下,双方所签署的合同期限可能要长达几十年。由于东道国政府既是规则的制定者,又是合同的参与者,扮演了"裁判员"和"运动员"的双重角色,中国企业明显处于不利的地位。同时,企业"走出去"过程中通常还要与东道国政府签署的《特许经营协议》,与东道国工程承包商签署《工程承包合同》,与东道国供电、供水部门签署《购电、购水协议》等一系列法律文本。由于中国企业国际化尚处于起步阶段,不少企业对国外法律不熟悉或理解不透彻,在多方谈判中中国企业往往处于弱势地位,面临较大的法律风险挑战。

4. 违约风险

违约风险又称为信用风险,是指交易对手违约而引起的风险。"一带一路"项目投资金额大、资金回收周期长、融资结构复杂,海外买方破产、拖欠,发生战争、暴乱、主权国家违约、汇兑限制等风险,将导致"走出去"企业无法正常收汇等问题,从而使违约风险成为"一带一路"建设面临的一大风险。

首先,"一带一路"沿线各国违约的不确定性较高。政府违约风险属于政府行为,一般归类为政治风险。但是排除政权更迭、政府换届、双边关系恶化等政治因素所引发的新政权或新政府恶意违约,多数政府违约行为可能主要与东道国的经济实力和财政状况欠佳高度相关。因此,在一定程度上,政府违约也同时具备经济风险的内涵。目前,中国的工程承包项目主要集中在亚、非、拉等发展中或不发达地区,这些区域的许多国家的经济和财政实力相对较弱,一旦发生政治或经济危机,履约能力严重不足,政府信用很难保证,违约的不确定性较高。2016 年,"一带一路"沿线国家中有 24 个经济体主权信用等级处于投资级以下,占比 48.0%,沿线经济体中主权信用风险偏高的国家占比较多,有的国家政治不稳定风险很高、有的国家经济实力的下滑均对各自的主权信用等级产生了严重影响。同时,各国主权信用风险差异性很大。沿线国家中既有新加坡和卡塔尔两个 AAAw 级国家,也有阿富汗(CCw)、黎巴嫩(Bw−)、巴基斯坦(Bw−)等高信用风险国家,评级结果横跨 20 个级别范围,各国主权信用等级的鲜明差异往往意味着其国家风险亦处于类似的分化状态。例如,2011 年 2 月,利比亚战争爆发,当时在利比亚有 75 家中国企业承建的 50 个工程承包项目,涉及金额 188 亿美元。利比亚政局动荡造成中资企业 10 多人受伤,企业工地、营地遭到袭击抢劫,直接经济损失达 15 亿元人民币。再加上中国企业在利比亚的项目暂停,利比亚危机带给中国的损失估计超过 200 亿元。

其次,不同出口行业和企业面临的风险也有所不同。如船舶行业在国际金融危机后出现了降低预付款比例的趋势,国内船厂在建造期普遍面临业主弃船风险和巨大的资金缺口;小微企业的风险承受能力弱,大型企业集团又会面临买方授信时间长等问题。国际工程承包、大型成套设备出口领域的国际竞争不仅表现在品牌、技术、质量、价格和服务上,融资条件已成为竞争的重要筹码。很多海外业主对承包企业提出了融资需求,一方面要求承包商提供更大的融资比例,尾款占比提高;另一方面又要求融资期限延长,放宽还款期。这些都将增加出口企业的信用风险。

三、典型案例:中巴经济走廊建设风险

2013 年 5 月,李克强总理在访问巴基斯坦期间,提出了建立"中巴经济走廊"的构想,初衷是加强中巴之间交通、能源、海洋等领域的交流与合作,深化两国之间的"互联互通"。中巴经济走廊位于丝绸之路经济带和 21 世纪海上丝绸之路交会处,起点在中国新疆喀什,终点在巴基斯坦瓜达尔港的中巴经济走廊。中巴经济走廊全长 3000 多公里,是一条包括公路、铁路、油气和光缆通道在内的贸易走廊。2013 年底,习近平主席提出"一带一路"战略构想,中巴经济走廊作为"一带一路"的重要组成部分,战略重要性进一步提升。2015

年 4 月,习近平主席访问巴基斯坦,中巴两国政府初步制订了修建新疆喀什市到巴方西南港口瓜达尔港的公路、铁路、油气管道及光缆覆盖"四位一体"通道的远景规划。其间,中巴两国签署了 51 项合作协议和谅解备忘录,达成总值 460 亿美元的能源、基础设施投资计划,其中超过 30 项涉及中巴经济走廊。目前,双方已形成以中巴经济走廊建设为中心,瓜达尔港、能源、基础设施建设、产业合作为四大重点的"1+4"合作布局。"中巴经济走廊"成为落实"一带一路"建设的开局之作和"旗舰项目"。

从风险评级结果看:巴基斯坦整体风险水平较高,风险等级为 E 类最高级别,在"一带一路"国家中排名第 58 位。我国与巴基斯坦关系一向友好,特别是近年来两国开展紧密的经济合作。加入对华关系指标后,巴基斯坦得分显著上升,排名从第 58 位,上升至第 48 位,大幅上升了 10 名。从风险因素构成看,当前中巴经济走廊建设面临的政治风险主要来自巴基斯坦,饱受动荡的巴基斯坦政局、各党派围绕走廊路线展开的日益激烈的争议都会在一定程度上影响经济走廊建设。具体来说,中巴经济走廊面临的主要风险因素有以下几个方面:

风险之一:大国博弈风险。由于巴基斯坦地缘位置的重要性,中巴经济走廊的建设,可能引发美国、印度等大国反应。巴基斯坦和印度一直在领土问题上存在争端。冷战结束后至今,中美以及中印关系都得到了不同程度的发展,但印巴关系却由于克什米尔争端一直发展缓慢。2017 年 6 月,在上海合作组织阿斯塔纳峰会上,印度和巴基斯坦同时加入成为上合组织的成员国。这对于中巴经济走廊乃至整体"一带一路"的推进无疑是有利的,但同时该地区地缘政治矛盾所产生的政治风险依旧不可忽视。另一方面,中美两个大国的博弈也在中巴经济走廊项目当中有所体现。近年来,虽然中美关系在经济、外交、政治等多个领域发展迅速,在很多全球事务中都成为了合作伙伴。但是,有合作同时就会存在竞争。美方一些国务院官员和学界人士认为"一带一路"和亚投行是中国针对奥巴马政府的"亚太再平衡"战略的挑战,而中巴经济走廊作为"一带一路"的主打项目之一,其顺利的发展可能会对美国产生不利影响。

风险之二:政局动荡风险。自建国以来,由于长期都在军政府统治下,巴基斯坦政党政治发展较为坎坷,虽有两大主要政党却没有一个全国性的政治力量,一直饱受政治动荡的折磨,在军人干政及政治派别的激烈斗争中蹒跚前行。2013 年 5 月,巴基斯坦首次实现民选政权平稳过渡,虽然纳瓦兹·谢里夫已是第三次掌权,但仍然经历了政局的动荡。2014 年,巴基斯坦正义运动党和人民运动党以 2013 年大选舞弊为由,发动长时间的示威游行及静坐活动,要求谢里夫总理辞职、重新进行选举和行政改革,此次政治危机对谢里夫政府的执政能力构成严峻考验,且政治危机不仅使得巴基斯坦经济遭受重大损失,还使得习近平主席推迟访巴日程,进而影响到中巴经济走廊建设的实施。巴基斯坦政府声称,反对党之所以举行声势浩大且时间较长的反政府示威活动,目的就是要延迟中国国家主席访巴,破坏谢里夫政府领导下的巴基斯坦的发展。由此可见,巴基斯坦国内政治派别之间的斗争实际上已经影响了中巴经济走廊建设的进程。当前,虽然政府与反对党经过数轮对话,同意建立司法调查委员会调查2013 年大选事件,停止政治僵局,但这并不意味着政治动荡的结束,反对党并不会轻易让谢里夫政府顺利执政。复杂而又激烈政党斗争,使谢里夫焦头烂额,如果巴基斯坦政局再次动荡,可能会使他无法将更多的精力放在中巴经济走廊的建设上,这也会使中巴经济走廊建设中出现的问题不能及时解决,甚至出现停滞。

风险之三:恐怖主义风险。20 世纪 80 年代以来,恐怖主义在巴基斯坦逐渐兴起,到今天几成难以控制的局面,巴基斯坦所在的南亚被称为全球"最恐怖"的地区。据统计,2013 年巴境内发生了 1717 次恐怖袭击事件,造成 2451 人死亡、5438 人受伤。恐怖事件的制造者主要有恐怖分子、宗教极端主义势力、地区主义势力,这既涉及塔利班组织、教派对立与冲突,亦有地区、族群矛盾。恐怖主义在巴基斯坦盛行,背后是巴本土塔利班运动不断发展壮大,其中也有阿富汗塔利班这个重要因素。美国在阿富汗发动反恐战争后,阿富汗塔利班逃往巴基斯坦边境部落地区落地生根,并逐步在巴基斯坦其他地区扩散,甚至塔利班势力还夺取了个别部落地区的政权。虽然近几年巴政府的反恐行动取得一定成效,但并未从根本上把恐怖主义势力压制下去。虽然巴基斯坦整体对华态度是友好的,但由于整体安全局势的不稳定,使得在巴的中国人也同其他巴国人民一样,成为了恐怖主义的受害者,中国公民的财产、人身安全都受到了损失。2004年 10 月,巴西北边境省两名中国工程师遭塔利班武装分子绑架;2006 年,3 名中国技术人员在巴基斯坦遇害;2007 年,3 名中国工人遭到恐怖分子袭击而遇难;2013 年的"6·23"中国游客在巴遭到塔利班组织和极端武装"真主旅"袭击。巴基斯坦安全形势对中巴经济走廊的建设无疑会产生较大的负面影响,恐怖主义对经济走廊建设的威胁既是潜在的,也是现实的。经济走廊建设主要集中于经济合作,其中必然会涉及一些重大项目的合作,比如能源管道项目、交通基础设施、产业园区项目等,随着巴基斯坦的反恐斗争日趋激烈,武装分子极有可能以经济走廊的这些合作项目为袭击目标,尤其是经济走廊项目下的工程及工程人员极有可能成为袭击的目标。

风险之四:经济风险。首先,巴基斯坦产业基础薄弱。巴基斯坦是世界上最不发达国家之一,经济发展水平偏低,产业基础发展非常滞后,主要依靠农业,农业产值占国民生产总值的24%,制造业非常落后。具体体现在如下几个方面:一是资源开发能力不足。相对而言,巴基斯坦矿产资源储量较为丰富,拥有石油储量1.84亿桶,煤炭储量1850亿吨,铁4.3亿吨,铝土7400万吨,天然气4920亿立方米。此外,还有大量铬矿、大理石和宝石。但是,由于在巴基斯坦进行资源开采的风险较大等原因,这些相对丰富的资源优势并未转化为产业优势,这些资源产业部门对国民经济的支撑作用并不明显。从这个角度来看,在经济走廊建设下开展与巴基斯坦矿产资源合作的前景有限,而且一旦投入项目,其资源支撑能力也相对偏弱,极有可能在项目投产后,难以收回成本,要改变这一状况,除非巴基斯坦社会安全形势得以从根本上改变。二是农业比重偏高,工业发展能力低,工业发展门类不齐全。巴基斯坦经济发展水平总体偏低,国民经济主要依靠农业,工业发展门类不全,工业主要以原材料和初级产品生产为主,包括水泥、化肥、黄麻及其制品、白糖、棉纱、豆油、纸张,工业基础发展非常薄弱,制造业欠发达。这种状况极有可能限制巴基斯坦对经济走廊建设项目工程的投入,使一些合作内容最终因巴基斯坦经济能力不足而难以按照预期或计划开展。

其次,区域经济发展差距大。在两大传统政党多年经营下,旁遮普省和信德省是巴基斯坦经济发展水平最高、社会安全环境最好的省份,旁遮普人是巴基斯坦最大的族群(约占总人口 63%),在巴中央政府机构和军队中占有很大的比例,对国家政策具有极大影响力,也是受益最大的。而开伯尔—普什图赫瓦省和俾路支省则在国家政策忽略和自身禀赋不佳的双重因素作用下,经济发展落后,安全形势堪忧。俾路支省作为巴基斯坦的自然资源大省和少数民族大省,不仅经济总量低,而且经济结构也以油、气、矿等资源项目为主,在对全国经济发展贡献巨大的同时,本省自身受益不足。当地民众有着强烈的被剥夺感,不满中央权力过大,认为本省的权益没有得到尊重。当地开发自然资源所获得的收益被中央分走了绝大部分,进而更多地分给了政治影响力较大的旁遮普省。此外,当地某些大型工程几乎由联邦政府全权负责,省政府在项目上没有任何决策权。而这一利益分配不均导致了俾路支省的民族主义叛军在发动暴恐袭击时,专门针对经济项目下手,铁路、油气管线、输电设施均是其重点打击对象。这些势力还采取暴力恐怖手段,对援建该省的外国人发动恐怖袭击。2004 年 5 月 3 日,在中国援建的瓜达尔港发生了一起针对中国工程师的汽车炸弹袭击事件,导致我国工程人员 3 人死亡,9 人受伤。相比之下,开伯尔—普什图赫瓦省的民族主义和分离主义倾向虽没有那么严重,但是该省对于恐怖主义的麻木态度间接地纵容恐怖主义在该地区蔓延。族群间的利益冲突和贫富悬殊的经济发展情况致使城市地区恶性治安案件有增无减,使得中巴经济走廊项目的建设风险令人担忧。

再次,整体投资环境欠佳。巴基斯坦人口众多,市场潜力大,但近年来巴国内物价持续上涨,通货膨胀较为严重,基础设施比较落后。根据巴基斯坦联邦统计局的数据,2012/2013 财年(巴基斯坦的财年从 7 月开始至次年 6 月），在国民的消费支出中，衣食住行占 69.6%，其中饮食占了 43.1%，其次是住房 15.2%。世界银行的《2015 年营商环境报告》将巴基斯坦的营商环境便利程度列为全球 189 个国家和地区中的第 128 位。具体来看，在排名所涉及的十个领域中，巴基斯坦在保护少数投资者方面的表现甚佳，为全球第 21 名，但在纳税、获得电力、执行合同方面表现糟糕，排名均在第 140 名以后。巴基斯坦的商业运营面临获得经营许可、进行施工、电力供应、资产登记、缴纳税赋等方面的众多困难。例如，当前巴基斯坦国内面临严重的能源短缺，大量发电厂的产能利用率不足 50%，一到夏季用电高峰，用电缺口有时可达 5000 兆瓦。伊斯兰堡和卡拉奇等城市经常发生断电现象，短则 4 小时，长则 12 小时，严重影响居民生活和企业的生产建设。另外，巴基斯坦的基础设施比较落后。截至 2014 年 6 月，有多家中国企业因巴基斯坦的基础设施问题没能得到巴基斯坦政府的足够重视而计划撤回。巴基斯坦的投资环境欠佳问题加大了外国企业在巴的投资成本，将成为中巴经济走廊建设的巨大挑战。

第三章 "一带一路"建设的保险需求

保险业服务"一带一路"建设,一方面,能够发挥保险的核心功能,深挖"一带一路"中的"五通三同"("五通"即政策沟通、设施联通、贸易畅通、资金融通、民心相通;"三同"即利益共同体、命运共同体和责任共同体)内涵,为"一带一路"建设保驾护航;另一方面,对于保险业自身而言,围绕"一带一路"建设的风险保障需求,促进保险产品的创新,提升保险服务能力。

一、保险业在"一带一路"建设中的功能作用

从功能需求的角度而言,保险业在"一带一路"中的作用主要体现为风险保障、融通资金和强化出口信用三大方面。其中,风险保障作用又可细化为人身风险保障、财产风险保障、责任风险保障等方面。

1. 为"人身风险"提供保障

保险作为一张安全防护网或风险缓冲层,首先要保障"人身"的

安全。"一带一路"方面,保险对"人身"的保障主要包括两方面:

一方面是我国从事"一带一路"建设、规划、投资等相关事宜人员的安全。首先,在"一带一路"的"五通"中,设施联通是共建"一带一路"优先领域。而要设施联通,就需要大量施工人员进行基础设施建设。特别在"一带一路"建设的前期阶段,需要招募大量的国内人员完善国内的基础设施。如何保障这些人员的生命安全和身体健康,事关"一带一路"建设的开局良好与否。其次,未来随着"一带一路"进程的推进,大量的建设及投资需要在海外进行,国内的企业势必要派驻或招募人员在海外开展各类工作,这些人员在外工作,人生地不熟,风险更不可测。对这些人员的风险保障更不可忽视。第三,伴随"一带一路"进程的推进,为了促进沿线各国的"民心相通",将有更多文化、学术、人才方面的交流,吸引越来越多的中国人到沿线各国学习、旅游。如何保障国内"走出去"和国外"请进来"的人员安全,也是我国保险业急需考虑的问题。另一方面是"一带一路"沿线各国人民的人身安全和健康保障。在"一带一路"的"五通"中,民心相通是"一带一路"建设的社会根基。目前,"一带一路"倡议涉及66个沿线国家的40多亿人口。跨越各国的"世纪工程"若能获得沿线国家民众的广泛支持,将会顺利得多,反之,则寸步难行。而要促进沿线民心相通,则要保障沿线人民的安全和健康。安全保障和健康保障是这40多亿人民享受"一带一路"倡议福祉的最直观表现。中国保险业可以民心保障为基本纽带,传承和弘扬丝绸之路友好合作精神,保障沿线各国人民的文化交流、学术往来、人才交流合作、媒体合作、青年和妇女交往、志愿者服务等民心相通活动,为深化双多边合作奠定坚实的保障基础。通过加强自身建设和促进与海外相关部门合作,尽最大可能地扩大"一带一路"沿线民众的保险保障范围,提高沿线民众的风险防范意识,降低沿线民众的风险发生概率,最终实现沿线民众共同发展、共同繁荣。

2. 为"财产风险"提供保障

除了发挥对人身风险的保障作用外,我国保险业在服务"一带一路"建设中还应加强对财产的保障作用。在"一带一路"的"三同"中,打造利益共同体是基调。作为惠及各方的重大倡议,"一带一路"建设奏响打造跨越国界利益共同体的乐章,通过沿线国家的互联互通和贸易投资便利化等深度国际经济合作,打造世界经济新的增长极,实现互利共赢。而财产作为利益的物质体现,保障"一带一路"沿线各国各利益主体的财产安全是打造利益共同体的首要条件。

对各利益主体的财产保障主要分为两大方面:一方面是对公共基础设施、商业建筑等固定财产的保障;另一方面是对公共设施投资、商业投资等资金财产的保障。固定财产方面,因为基础设施建设是"一带一路"的基础和优先发展领域,如何保障这些基础设施按进度建设,这就需要保险业发挥保障功能,预防和分散基础设施建设的风险。从目前的规划而言,"一带一路"倡议将改善沿线国家公路、铁路、港口、油管、桥梁、输电网路、光缆传输等基础设施。

根据瑞士再保险经济研究及咨询部提供的数据,截至2016年7月,规划的"一带一路"项目中,已公布基础设施项目达435个,占比为73.73%,未公布的基础设施项目达83个,占比为72.81%,基础设施项目价值合计8960亿美元,项目价值占比为74.36%。如此巨大的投资体量和广泛的设施建设,如果没有风险防护机制,必然后果堪虞。除基础设施外,农业、旅游、文化交流、工业园区、商业建筑等"一带一路"非基础设施类固定财产也同样需要保险业的保障。

3. 为"责任风险"提供保障

在"一带一路"的"三同"中,构建责任共同体是担当。中国保险业在"一带一路"进程中如何体现这种"担当"?责任保险作为一类独成体系的保险业务,适用于一切可能造成他人财产损失与人身伤亡的各种单位、家庭或个人。具体而言,其适用范围包括:各种公众活动场所的所有者、经营管理者,各种产品的生产者、销售者、维修者,各种运输工具的所有者、经营管理者或驾驶员,各种需要雇用员工的单位,各种提供职业技术服务的单位,城乡居民家庭或个人等。

"一带一路"建设过程中,各种风险复杂多变。这些风险不仅包含政治风险、战争风险、自然灾害等沿线各国已客观存在的风险,还包括国内企业投资和建设"一带一路"过程中所产生的安全生产、食品安全、医疗责任等民事赔偿风险。而责任保险具有较强的经济补偿与社会管理功能,不仅能使公民在人身受到伤害或经济利益受到侵害时获得经济补偿,有利于及时解决民事赔偿纠纷,充分保障人民群众的合法经济利益,维护社会安定和秩序,也是政府运用市场手段管理社会风险的重要途径。近年来,我国责任保险服务的范围、行业和领域不断拓展,从原先主要集中在公众、雇主、产品等几个传统领域,逐步拓宽到环境保护、食品安全、医疗责任、学校教育、交通运输、安全生产、旅游行业、董监事责任等十几个领域,保险的覆盖面和渗透度大大提高,为经济社会各行业和领域利用责任保险这一市场化手段化解风险,提供了丰富的渠道和途径。

　　首先,在沿线各国从事施工和监督工作的国内人员,保险业不但能为他们提供人身意外险和医疗保险等基本的风险保障,还能为他们提供雇主责任险,以进一步为他们的雇主提供风险保障。雇主责任险是指雇主为其雇员办理的保险,保障雇员在受雇期间因工作而遭受意外导致受伤、死亡或患有与业务有关的职业性疾病情况下,获取医疗费、工伤休假期间的工资,并负责支付必要的诉讼费用等,在许多国家,投保雇主责任保险是雇主应尽的义务,它具有强制性。

　　其次是环境污染责任。在"一带一路"的石油、矿产开发过程中,引起污染的因素有很多。例如井下压力导致的井喷、封井器的失效、人员操作疏忽,抑或是外力因素如船只撞击、恐怖袭击等。针对污染责任,环境污染责任保险则可以为发生污染事故的企业对造成损害的第三者依法进行责任赔偿,从而分散企业风险,有效地保护受害者,有效地凸显保险的社会管理功能。

　　第三是董事高管责任。针对国内公司高管在"一带一路"投资和建设过程中面临判断失误、失职或错误行为而导致损失的风险,董事高管责任保险则可以较好地为这些高管进行风险保障。董事责任保险,是指被保险董事及高级管理人员在履行公司管理职责过程中,因被指控工作疏忽(Negligence)或行为不当(其中不包括恶意、违背忠诚义务、信息披露中故意的虚假或误导性陈述、违反法律的行为)而被追究其个人赔偿责任时,由保险人负责赔偿该董事或高级管理人员进行责任抗辩所支出的有关法律费用并代为偿付其应当承担的民事赔偿责任的保险。广义的董事责任保险,保险公司除了承担上述保险责任外,还应当负责赔偿公司根据董事责任和费用补偿制度,对有关董事作出的补偿。

第四是公众责任。企业在"一带一路"建设过程中,往往会出现导致其他国家公民人身以及经济方面损失的情况,特别是企业在国外的工厂、设施等导致的损失,公众责任险等险种可以较好地弥补这方面的损失及不足。相比其他保险,公众责任险承保责任广,投保灵活、保费相对低廉,并能提供众多附加条款供选择,可满足"一带一路"建设过程中个性化的保险需求。

4. 强化出口信用,培育外贸竞争新优势

在"一带一路"的"五通"中,贸易畅通是共建"一带一路"的重点内容。而确保贸易畅通的根本条件就是信任,包括国家间的信任、企业间的信任、人与人间的信任。出口信用保险是各国政府为提高本国产品的国际竞争力,推动本国的出口贸易,保障出口商的收汇安全和银行的信贷安全,促进经济发展,以国家财政为后盾,为企业在出口贸易、对外投资和对外工程承包等经济活动中提供风险保障的一项政策性支持措施,属于非营利性的保险业务,是政府对市场经济的一种间接调控手段和补充。

在"一带一路"过程中,出口信用保险可以发挥四个方面的功能作用:首先提高我国企业在"一带一路"沿线国家的市场竞争能力,扩大贸易规模。投保出口信用保险使企业能够采纳灵活的结算方式,接受银行信用方式之外的商业信用方式。使企业给予其买家更低的交易成本,从而在竞争中最大限度抓住贸易机会,提高销售企业的竞争能力,扩大贸易规模。其次,提升"一带一路"出口企业债权信用等级,获得融资便利。出口信用保险承保企业应收账款来自国

外进口商的风险,从而变应收账款为安全性和流动性都比较高的资产,成为出口企业融资时对银行的一项有价值的"抵押品",因此银行可以在有效控制风险的基础上降低"一带一路"企业融资门槛。第三,建立风险防范机制,规避应收账款风险。出口信用保险还可借助专业的信用保险机构防范风险,可以获得单个企业无法实现的风险识别、判断能力,并获得改进内部风险管理流程的协助。另外,"一带一路"建设过程中,交易双方均无法控制的政治风险可以通过出口信用保险加以规避。第四,通过损失补偿,确保经营安全。我国投资"一带一路"的企业通过投保出口信用保险,信用保险机构将按合同规定在风险发生时对投保企业进行赔付,有效弥补企业财务损失,保障企业经营安全。同时,专业的信用保险机构能够通过其追偿能力实现企业无法实现的追偿效果。

作为我国唯一的政策性保险公司,中国出口信用保险公司(下称"中国信保")积极履行政策性职能,为"一带一路"建设打造安全屏障,为"一带一路"的设施联通、贸易畅通、资金融通发挥导向和撬动作用。政策性出口信用保险服务支持我国企业参与"一带一路"建设的作用凸显,尤其是在地缘政治风险较高的国家(地区),政策性出口信用保险支持企业开拓海外市场、撬动银行融资、弥补经济损失等方面的作用更加突出。

2013年至今,中国信保支持"一带一路"沿线国家出口和投资超过4400亿美元,累计承保"一带一路"沿线国家投资金额1156.9亿美元,承保我国企业向"一带一路"沿线国家出口贸易3285.1亿美元,承保了中亚天然气管道项目、马来西亚350万吨钢铁厂项目、柬埔寨桑河二级水电站项目等各类"走出去"项目1097个,覆盖交通运输、石油装备、电力工程、房屋建设、通信设备等多个领域。中国信保累计向企业和银行支付赔款16.7亿美元,涉及"一带一路"沿线60个国家,基本覆盖了"一带一路"全线,主要损失原因包括汇兑限制、政治暴乱、企业与银行破产、买方拖欠等。

5. 为"一带一路"建设提供资金支持

一方面,在"一带一路"的"五通"中,资金融通是共建"一带一路"的重要支撑。"一带一路"建设需要上千亿美元甚至上万亿美元的资金,仅靠各国政府的力量难以承担这样的巨额费用,只能通过市场运作来筹集资金。另一方面,我国保险资金运用与管理经过20多年的发展,取得了明显的成效。特别在"十二五"期间,我国保险资金运用的监管进一步放宽,使得我国保险资产管理主体逐渐壮大,投资渠道不断拓宽,资产规模高速增长,资产结构日益优化,投资收益逐步改善。2004年至2014年,我国保险资产总额、保险资金运用余额分别从1.2万亿元、1.1万亿元增加至10.23万亿元、9.3万亿元。2015年,保险业总资产达12万亿元。监管机构预计,到2020年我国保险业总资产将达到20万亿元。投资收益方面,2013年至2014年,保险资金运用已累计实现投资收益23326亿元。保险资金规模的扩大、保险投资收益的提高说明我国保险业有能力、有实力服务"一带一路"投融资建设。

据瑞士再保险经济研究及咨询部预估,2016年8月至2030年,"一带一路"相关规划或可追加5.2万亿美元的建设活动投资。加上已规划项目的1.2万亿美元,2015—2030年"一带一路"建设总投资额或达6.4万亿美元。如此巨大的资金需求,仅靠我国政府部门或某些建设企业的投资难以满足。这就需要我国保险业发挥保险资金优势和实力,成为"一带一路"投融资的主要渠道,成为"一带一路"基建项目的直接推手。

保险资金具有规模大、期限长、较为稳定的特点,与基础设施项目有天然的契合性,不仅可以开发相关的保险保障产品,还可以在港口、物流、航空、园区建设等方面进行投资,提供资金支持。但是,截至 2014 年末,保险资金境外投资余额为 1465.8 亿元,仅占保险业总资产的 1.44%,保险资金境外投资的发展空间十分广阔。在"一带一路"建设中,险资必将是投融资体系的重要主体。通过债券保证、贷款保证、信用保险等方式,保险将在投融资中发挥重要的增信功能,成为促进资金融通的催化器和保障货币体系良好运作的稳定器。

首先,通过推动保险机构不断提升境外投资能力,支持保险资金参与"一带一路"沿线国家和地区的重大基础设施、重要资源开发、关键产业合作和金融合作。其次,支持保险资金为"一带一路"框架内的经贸合作和双边、多边的互联互通提供投融资支持,通过股权、债权、股债结合、基金等形式为大型投资项目提供长期资金支撑。最后,积极引导和支持保险资金探索新的投融资机制,推进保险资金参与 PPP 项目和重大工程建设。支持符合条件的保险资产管理公司等专业管理机构,作为受托人发起设立基础设施投资计划,募集保险资金投资符合条件的 PPP 项目。在风险可控的前提下,调整 PPP 项目公司提供融资的主体资质、信用增级等监管要求,推动 PPP 项目融资模式创新。

此外,保险业发挥资金融通作用的另一大渠道就是为企业融资增信提供服务。中小企业在融资过程中可通过购买信用保险,增加中小企业的信用,进而得到商业银行的贷款。信用保证保险是一种担保性质的保险。按照担保对象的不同又分为信用保险和保证保险。一方面,在中小企业发展过程中,最大的阻碍因素就是"缺钱"。中小微企业因资产规模小、经营和财务信息不甚健全,导致综合实力较弱,信用等级较差,加之难以满足一定的抵押与担保条件,往往令重在规避信贷风险的传统金融机构"敬而远之"。另一方面,中小企业才是"一带一路"持续发展的真正生力军。只有将中小微企业"推出去",特别是将科技型、战略新兴中小微企业"推出去",发挥中小微企业的市场活力,才能为我国企业"走出去"积累重要的市场经验。保险业通过增强保险增信作用,助力小微企业融资和出口企业"走出去"。大力发展普惠金融,持续推动小额贷款保证保险业务发展,指导完善"政银保"模式运行机制,为小微企业融资提供保险增信服务,助力缓解小微企业融资难、融资贵问题。稳步推动短期出口信用保险发展,充分发挥信用保险功能作用,扩大信用保险覆盖面,支持我国外贸稳定增长,增强我国出口企业竞争力,为出口企业提供收汇风险保障。支持中长期出口信用险和海外投资险业务发展,促进我国企业"走出去"和"一带一路"建设。

二、"一带一路"涉及的保险服务及潜力分析

1. 财产险险种及潜力分析

（1）工程保险

工程保险是以工程项目在建设过程中因自然灾害和意外事故造

成物质财产损失,以及第三者财产损失和人身伤亡依法应承担的赔偿责任为保险标的的保险。目前,我国工程保险业务种类又可细分为:建筑工程保险、安装工程保险、机器损坏保险、船舶工程保险、科技工程保险五大类。与其他财险相比,工程保险具有四个方面基本特征:首先,承保风险责任广泛而集中。保险人对工程保险期间因一切外因造成的财产损失、费用和责任均予赔偿,所承保的风险基本属于巨额风险。其次,涉及较多的利益关系人。第三,不同工程保险险种的内容相互交叉。在一项工程项目中往往交叉另几项工程项目。第四,工程保险承担的主要是技术风险。现代工程项目技术含量高,专业性强,从而对承保技术、手段、能力提出更高要求。

我国工程保险始于 20 世纪 80 年代,而且其首先承保的就是涉外业务。因此,相对其他财险,工程保险更具涉外经验。另外,在 2015 年发布的《推动共建丝绸之路经济带和 21 世纪海上丝绸之路的愿景与行动》强调基础设施建设优先,而基础设施建设包含众多工程项目,其中包括能源、交通、供水、通信、农业、商业建筑,所有这些项目建设都存在不确定风险,需要工程保险对建筑、安装、船舶、大型机器、科技等工程全方位的保障。因此,保险服务"一带一路"建设,工程保险则应一马当先,全面保驾护航。其需求潜力等级应为五星。在此方面,中国太平积极参与"一带一路"建设,并取得一定成效。

2015 年以来,中国太平在"一带一路"沿线重大项目建设方面,创新保险产品和服务,承保范围涵盖交通、能源、通信等几乎全部重大基础设施建设领域,主要服务客户包括神华集团、大唐集团、中国中铁、中国石油、中国石化、三峡集团、葛洲坝集团、首钢集团、上汽通用汽车、海螺水泥等大型企业。中国太平旗下子公司积极参与"一带一路"建设,产品覆盖财产险、工程险、能源险、货运险、船舶险、公共责任险、雇主责任险、恐怖责任险等,太平财险成功承保近100个财产险、建安工程险、公众责任险等类项目,业务范围涵盖俄罗斯、哈萨克斯坦、吉尔吉斯斯坦、新加坡、印度尼西亚、缅甸、柬埔寨、越南、伊朗、伊拉克、沙特阿拉伯、巴基斯坦、斯里兰卡、尼泊尔等多个"一带一路"沿线国家。同时,中国太平就市场需求大的险种进行研究开发,为"一带一路"沿线项目定制专属保障产品。

(2)火灾保险

火灾保险又称普通财产保险,是一种传统财险业务,是以存放在固定场所并处于相对静止状态的财产物资为保险标的,在保险期间因火灾、雷击、爆炸或其他风险事故发生所致的财产损失或灭失,在保险金额限度内予以赔偿或予以恢复原状的一种财产保险。火灾保险一般可分为企业财产保险、家庭财产保险、营业中断保险三大类。火灾保险因其标的存在于陆地,相对静止,因此标的存放地址不得随意变动,变动则影响保险合同效力。另外,火灾保险可保风险非常广泛,包括各种自然灾害(在我国,地震除外)和多种意外事故。

火灾保险可以说是"一带一路"建设过程中最基本的风险保障。"一带一路"沿线区域的大部分国家都处于灾害易发、多发和频发地区,同时又是经济不发达地区,尤其是亚洲地区。相比较而言,受经济发展水平限制,亚洲地区防灾、减灾、救灾投入相对较少,灾害一旦发生,就会导致我国投资和建设"一带一路"国家的企业损失严重,同时对当地经济也会造成严重影响。但在"一带一路"目前进程中,企业财产保险和营业中断保险比家庭财产保险的需求潜力更大。"指导意见"当中也明确了积极发展企业财产保险的个性化产品和服务。因此,火灾保险需求等级为五颗星。

(3)责任保险

责任保险是指以保险客户的法律赔偿风险为承保对象的一类保险。按业务内容,可分为公众责任保险、产品责任保险、雇主责任保险、职业责任保险和第三者责任保险五类业务。与一般财险相比,责任保险具有四方面特征:首先,责任保险的产生和发展要以健全和完善的法律制度为基础。只有法律制度界定了人们对他人应负赔偿责任,人们才能通过责任险转嫁这种责任风险。其次,责任保险具有"替代性"和"保障性",即替代了被保险人(致害人)的赔偿责任,又保障了受害人的合法权利。第三,只有赔偿限额,并以赔偿限额作为保险承担赔偿责任的最高限度。第四,承保和赔偿方式特殊。该险种分基本责任保险和附加责任保险两种方式承保,赔偿金额由法院或仲裁机构裁定。

中国保监会发布的《保险业服务"一带一路"建设的指导意见》(以下简称《指导意见》)特别提到了雇主责任保险在"一带一路"重要产业、重点企业和重大建设项目中的风险保障作用。上文已述,"一带一路"基础设施建设多、风险多,雇主责任保险既能够转移雇主经营风险,又能够保障雇员合法权益,具有分散社会风险,辅助社会管理,促进社会稳定的功能。当然,除雇主责任险外,在"一带一路"实施过程中,中国作为制造业大国,作为负责任的大国,公众责任险、产品责任险、职业责任险等险种是塑造其大国形象的重要保障,需求潜力同样巨大。根据瑞士再保险经济研究及咨询部估计:目前已规划的"一带一路"项目中,预计责任险和人身意外伤害险所产生的保费潜力达1亿美元;而2016年8月至2030年间规划的"一带一路"项目中,责任险和人身意外伤害险预计产生的保费潜力将达2亿美元,合计产生保费潜力3亿美元。因此,责任保险的需求潜力等级应为三星半。

(4)货物运输保险

货物运输保险是投保人与保险人约定的以运输途中的货物作为保险标的,保险人对由自然灾害和意外事故造成的货物损失负责赔偿责任的保险。按地区分,货物运输保险可分为国际货物运输保险和国内货物运输保险。其中,国际货物运输保险又可细分为:平安险、水渍险等基本险和一般附加险、特别附加险、特殊附加险等附加险,以及海洋运输冷藏货物保险等专门险。按运输途径分,货物运输保险又可分为水上货物运输保险、陆上货物运输保险、航空货物运输保险和其他货物运输保险。与其他财险种类相比,货物运输保险具有保险标的流动性、保险期限运程性、业务范围国际性等特点。尤其海洋货物运输保险,保险合同关系涉及不同国家和地区,保险合同的签订和履行除涉及贸易合同的有关法规外,还要遵循有关国际惯例和国际公约的规定等。

随着"一带一路"进程的不断推进,国内的生产设备、生活资料需要运往沿线国家。同时,沿线国家的矿产、农产品、木材等原材料需要运往中国。货物运输安全保障日显重要。中国保监会的《指导意见》也特别提到了货物运输保险和航运保险,要积极开发货物运输险的个性化保险产品服务,有针对性地开发航运保险的跨境保险业务,为沿线"互联互通"提供风险保障,为"一带一路"畅通保驾护航。而且,从根源而言,"一带一路"倡议的主旨就是要通过基础设施网络建设、扩张现有贸易路线来提升与亚洲、欧洲以及非洲之间的互联互通。而沿线国家货物运输的安全、畅通则是"一带一路"主旨的体现。随着基础设施的日益完善,"一带一路"国家的贸易量大大增长,货物运输保险的需求程度增强,需求频率加快。因此,货物运输保险的需求潜力等级应为四星。

(5)运输工具保险

与货物运输保险相伴相生的是运输工具保险。与货物运输保险专门承保运输货物不同,运输工具险则专门承保运输载体(如汽车、飞机、船舶、火车等)和运输载体所引起的对第三者依法应负的赔偿责任。总体而言,运输工具保险包括机动车保险、船舶保险、飞机保险等大类险种。而机动车保险下面又可细分为车辆损失保险、第三者责任险、车辆盗抢险、乘员责任保险等险种。飞机保险又可细分为飞机机身保险、飞机第三者责任险、飞机旅客法定责任保险等险种。因运输工具的流动性等特点导致运输工具保险有承保风险多样性、保险事故发生复杂性等特点。

如上文所述,在"一带一路"进程中的保险在交通运输、物流等中非常重要,同样作为交通运输载体的运输工具险也需要得到全方位的保障。像《指导意见》中提到的发展货物运输险的个性化保险产品服务,有针对性地开发航运保险等跨境保险业务。这里强调的货物运输险和航运保险不仅强调对货物的保障,也强调对货物载体的保障。而且《指导意见》针对运输载体还专门提出要有针对性地开发机动车出境保险。随着"一带一路"加速推进,越来越多的车辆有了出境的需求,同时也更加需要拥有境外风险保障。有针对性地开发机动车出境保险,不但能够加速中国到沿线国家的物流运输进程,省去不必要的装卸货过程,还能够促进中国居民与沿线国家居民的旅游沟通交流。因此,运输工具保险的需求潜力等级应为四星半。

(6)出口信用保险

出口信用保险是承保出口商在经营出口业务的过程中因进口商的商业风险或进口国的政治风险而遭受的损失的一种信用保险。与其他以实物作为保险标的的财险相比,出口信用保险的经营目的不同,它是国家为了鼓励和扩大出口贸易,保障出口企业的收汇安全而制定的一项由国家财政提供保险准备金的非营利性的政策性保险业务。另外,出口信用保险在经营方针、机构和投保人、适用范围方面也有自己的特点。例如:它执行的是非营利的方针,经营机构多为政府或国家委托独家代办的商业保险机构,投保人必须是本国从事出口的居民或企业,其费率的厘定不全以大数法则为基础,需参考保险机构以往的赔付记录、出口商的资信和规模等信息。出口信用保险根据保期长短,一般分为中长期出口信用保险和短期出口信用保险。短期一般保险期限不超 180 天,中期为 180 天至 3 年间,中长期为 3 年以上。按承保风险不同,可分为政治风险保险、商业风险保险、政治和商业风险共保的保险、汇率风险保险。按承保方式不同,可分为综合保单、选择保单和特别保单。

根据中国出口信用保险公司所作的研究,在中国企业海外面临的前十大风险中,战争与内乱、国有化与征收、汇兑限制、国际制裁、汇率大幅波动排名风险的前五位。如何确保中国企业在"一带一路"过程中顺利"走出去"?其中,仅通过某一家或几家商业保险公司的实力显然难以完成使命。这就需要借助国家的力量,通过中国进出口信用保险公司这一国家政策性保险机构来保障我国出口企业的收汇安全。特别在战争风险、国际制裁风险较大的西亚地区,如何保障我国的出口商以及与之融通资金的银行获得经济保障,并且不以营利为目的? 这就急需出口信用保险的保障和支持。根据《指导意见》,要鼓励政策性保险机构扩大中长期出口信用保险的覆盖面,增强交通运输、电力、电信、建筑等对外工程承包重点行业的竞争能力。由此可见,未来涉及重点工程、重点行业的项目对出口信用保险有着极大的需求。

因此,出口信用保险的需求潜力等级为四星。

(7)海外投资保险

海外投资保险是以被保险人因投资引进国政治局势动荡或政府法令变动所引起的投资损失为保险标的的保险,是信用保险的一种。投资保险的保险责任主要包括战争险、征用险、汇兑险三种,保险期限也分为短期(1 年)和长期(3—15 年)。海外投资保险实际就是政治风险保险,实质上是一种对海外投资者的"国家保证",其业务的开展是各国为鼓励资本输出的需要。

如上文所述,"一带一路"风险的复杂性、长期性决定了我国企业投资相关国家的高风险性,同时也决定了这些企业对海外投资保险的高需求性。因此,在《指导意见》中特别指出,要综合运用中长期信用保险、短期出口信用保险、海外投资保险、资信评估等产品,对风险可控的项目要应保尽保;鼓励政策性保险机构加快发展海外投资保险,创新保险品扩大承保范围,支持优势产业产能输出。因此,海外投资保险的需求为三星半。

(8)特种保险

总体而言,特种保险其实就是工程保险中的科技工程保险。只不过此次保监会的《指导意见》特别强调了要加快特种保险业务的国际化进程,从而服务航空航天、核能及新能源等高新领域的国际合作。从需求范围而言,特种保险因"特"而需求范围小,保险金额高,同时因"特"而使得能提供此种保险的保险公司家数少。但是,"一带一路"沿线国家不但有发展中国家,还有发达国家,特别是科技发达国家,通过与法国、俄罗斯、以色列等发达国家开展航天、核能、海油开发等方面进一步的国际合作,不但能够推进沿线各国在高科技方面的民用转化,还能提升中国保险业在国际特种设备方面的国际参保能力。

表 3.1　"一带一路"财险类型、特征、需求潜力

财险类型	险种特征	险种细分	需求方	需求潜力
工程保险	1. 风险责任广泛而集中 2. 涉及较多的利益关系人 3. 工程保险险种的内容相互交叉 4. 工程保险承担的主要是技术风险	建筑工程险、安装工程保险、机器损坏保险、船舶工程保险、科技工程保险五大类	"一带一路"基建类、制造类、科技类、船舶类工程企业	★★★★★
火灾保险	1. 传统保险业务 2. 保险标的存在于陆地,相对静止,不得随意变动,变动则影响保险合同效力 3. 可保风险广泛,包括各种自然灾害和多种意外事故 4. 存在多种附加险,覆盖了大部分可保风险	企业财产保险、家庭财产保险、营业中断险	"一带一路"所有企业陆地类型财产	★★★★★
货物运输保险	1. 保险标的流动性 2. 保险期限运程性 3. 保险责任范围广泛性 4. 承保对象多边性 5. 保险价值定值性 6. 被保财产的他制性 7. 业务范围国际性	按地区:国际货物运输保险和国内货物运输保险 按运输途径:水上货物运输保险、陆上货物运输保险、航空货物运输保险、其他货物运输保险	"一带一路"航运类、铁路运输类、物流类、贸易类企业	★★★

续表

财险类型	险种特征	险种细分	需求方	需求潜力
运输工具保险	1.运输工具的流动性导致承保风险的多样性 2.司乘人员素质多样性和运输工具、运输环境的复杂性导致保险事故发生的复杂性 3.承保范围除有形的物质损失外,还包括无形的责任风险和相关费用损失	机动车保险、船舶保险、飞机保险	"一带一路"航运类、铁路运输类、物流类、贸易类企业	★★★★☆
责任保险	1.以健全和完善的法律制度为基础 2.具有"替代性"和"保障性" 3.只有赔偿限额 4.承保和赔偿方式特殊	公众责任保险、产品责任保险、雇主责任保险、职业责任保险、第三者责任保险	"一带一路"基建类、贸易类、制造类的中国企业	★★★☆
出口信用保险	1.保险的目的不同 2.经营的机构及其方针不同 3.费率的厘定不同 4.工投保人不同 5.适用范围不同	根据保期长短:中长期出口信用保险、短期出口信用保险 按承保风险不同:政治风险保险、商业风险保险、政治和商业风险共保的保险、汇率风险保险 按承保方式:综合保单、选择保单和特别保单	中国制造或生产出口产品的企业	★★★★
海外投资保险	1.属于政治风险保险 2.承保对象为海外投资者	战争险、征用险、汇兑险	中国到海外投资的企业或个人	★★★☆
特种保险	1.承保范围少 2.标的物保险金额高 3.单独一家保险公司难以承保所以标的物	航天工程保险、核能工程保险、海洋石油开发保险	"一带一路"航天类、核能工程类、海洋石油开发特大型企业	★★

注:需求潜力等级主要依据"一带一路"保险需求方的辐射范围、需求程度、需求频率,以及保险产品和服务满足需求方的程度进行评测,最高需求潜力等级为五颗星,最低需求潜力等级为一颗星。

(9) 案例分析——人保财险勇当"一带一路""守财人"

中国人民财产保险股份有限公司(以下简称"人保财险")作为"世界500强"中国人民保险集团股份有限公司的核心成员和标志性主业,是国内历史最悠久、业务规模最大、综合实力最强的大型国有财产保险公司,是国内财产保险市场的领跑者,目前稳居亚洲财险公司第一、全球单一品牌财险公司第二。

"一带一路"倡议提出以来,人保财险充分发挥保险机制在"一带一路"建设中的积极作用,为国内相关企业"走出去"提供多方面的风险保障与服务。2014年人保财险承保的进出口货物保险金额超过1.5万亿元人民币,承保远洋船舶保险金额共计3343亿元人民币。参与承保的中亚天然气管道C线、中石化哈萨克斯坦KPI石油化工一体化等工程项目,保障金额达32亿美元,为国家相关重大贸易及工程建设等提供了坚实保障。在支持企业"走出去"方面,2014年中国人保承保了斯里兰卡南部铁路项目、哈萨克斯坦哈铜巴夏库铜矿选厂、阿克托盖铜矿选厂项目,保障金额近15亿美元。目前,人保财险无论是覆盖产品流通、使用环节责任风险的出口产品责任险,还是针对海外工程建设的雇主责任险、职业责任险、建设工程质量保险等险种,以及针对中国企业参加境外展会时遭遇知识产权侵权责任风险的境外展会专利纠纷法律费用保险,责任保险都在实际应用中发挥了积极的保障作用,有力纾解了相关企业在海外拓展过程中的后顾之忧。

工程险在人保财险中占有较大比例,主要是针对工程承包建设项目中的一系列风险,包括延迟开工、设计错误、设备和机械故障等。目前人保财险还在进一步探索创新一些适合"一带一路"的配套性险种来满足客户需要。2017年4月,人保财险河北省分公司独家承保了葛洲坝集团在尼泊尔的上崔树里3A水电站EPC保险项目,保险金额5.8亿元,保费240万元人民币。

责任险方面,人保财险积累了多年的经验,较好地发挥了责任保险机制在海外项目中的保障效应,正逐渐为企业开展跨境投资贸易合作提供更加全面的风险保障与服务,对企业加速产业转移与转型升级起到了积极的引导作用。例如:2012年人保财险承保我国国有建设公司承建的牙买加高速公路董事监事及高级管理人员责任保险,保障金额达500万美元。2013年,人保财险参与承保我国某国有集团巴布亚新几内亚矿产码头营运人责任险,保障金额500万美元。2014年,人保财险承保我国某国有集团智利冶炼厂公众责任险,保障金额约人民币100万元。同时平安产险在"一带一路"责任险方面,为转移中资企业海外并购风险而设计了分手费保险、并购买方损失补偿及卖方责任保险;为转嫁海外工程项目设计、施工风险设计了单个工程职业责任保险。航运险方面,目前中国是全球第一大船舶险市场、第二大货运险市场,"一带一路"倡议的实施又为中国航运保险业融入国际市场提供了更广阔的平台。但由于船舶险承保风险较大,中国险企开展此类业务的并不多,中国在此方面经营较成熟的是中船保和人保。在"一带一路"背景下,人保财险保险企业进行了大量的产品和服务创新,对境外资产风险提供两种保障模式。一是针对风险标的金额足够大、所在国属于WTO的资产,人保财险采取全球保单、直接出单的保障模式,产生的纠纷和服务需求在中国就可以直接解决;二是针对所在国没有加入WTO,或者投资规模不够大的情况,则由所在国的法人保险机构出具保单以满足法律形式需求,而大比例赔付服务回到中国解决。这两种模式经过两年的实践已相对成熟。2014 年,人保财险承保远洋船舶保险金额就已达3343 亿元人民币。

信用保险方面,人保财险 2013 年就已正式取得短期出口信用保险业务的经营资格,成为中国出口信用保险公司在出口信用保险方面有益的补充。2014 年,人保财险又签发全国第一单短期出口信用保险业务。目前,人保财险已完成产品开发、人员架构、IT 系统、运营模式、业务培训、风险管控、市场摸底等大量基础工作,在扩大短期出口信用险覆盖面和服务外向型中小企业两个重点开发相关产品方面积累了一定经验。

2. 寿险需求及潜力服务

(1)务工人员意外伤害保险

务工人员意外伤害保险是意外伤害保险的一种,主要针对外出务工人员伤残和意外死亡风险开展的保险服务,具有保费低廉、保障高、核赔理赔简单等特点。目前,安邦、平安等大型保险机构都已推出务工人员意外伤害保险。以平安保险的境外工作险为例,去阿富汗,相同年龄,一年期保额 20 万元,保障范围包括意外残疾、身故和交通工具意外,IT 业维护工程师保费 1075 元,而从事建筑工程的泥水匠保费需要 1792 元。

如上文所述,保险业支持"一带一路"建设,除了保障"财"的安全外,更重要的是保障"人"的安全。而这里面的"人"中,我国外出"一带一路"相关国家的务工人员占了绝大部分比例。据商务部统计,每年约有 100 万中国员工在海外务工。人员一旦走出国门,就会面临各种风险,其中包括恐怖主义风险、绑架勒索风险等。

在"一带一路"进程中积极推广务工人员意外伤害保险,既有利于提高国内赴境外务工人员承受意外伤害事故的能力,又有利于完善我国农村社会保障体系和救助体系,有效化解外出务工人员意外事故风险,减轻政府、社会、家庭的救助压力;还有利于维护农村社会稳定,构建和谐社会。因此,务工人员意外伤害保险的需求潜力等级为五颗星。在此方面,平安产险特别针对"走出去""一带一路"面临的海外安全风险,研发、推出为海外人员提供安全救援、危机解救服务的高端团体意外伤害保险、绑架勒索保险,为"走出去"的中资企业和人员提供专业化、标准化、全方位的综合保险保障及高端的保险服务,弥补目前国内保险领域的空白。另外,中再集团也推动成立了中国安保共同体,并与之开展合作,目的就是针对客户痛点,建立以"中国保险+中国安保"为特色的海外急难救助服务体系,打造"国人国保"的民族品牌,设计符合行业需求、具有中国特色的"海外急难救助"保险产品,切实可靠地为"一带一路"保驾护航。

(2)失地农民养老保险

失地农民养老保险是指国家为了保障依法被征地农民的养老而设立的一项保障制度。其参保对象需年满 18 周岁的失地农民。对于男性年龄在 60 周岁以上,女性年龄在 55 周岁以上的失地农民,地方社会保障部门根据每年养老保险金水平,按 15 年期限,从政府土地征用收益中扣除一部分资金用于养老保险费用的支付,个人不负担缴费。从失地的当月起,开始领取养老保险。对于男性年龄在45—60 周岁之间,女性年龄在 40—55 周岁之间的失地农民应加入到城镇灵活就业人员养老保险项目中。

随着建设进程的推进,新疆、重庆、陕西、甘肃、宁夏、福建、广东等"一带一路"进程国内部分的省(区、市)将面临土地征用的问题。土地征用后,如何安置这些失地农民,不仅关系到"一带一路"建设全局,更关系到这些失地农民的生活福祉。由于我国西部地区农民高技能素质普遍不高,依靠短期集中培训很难解决这些失地农民的生存技能问题。通过推广和发展农民养老保险,不但能够助力"一带一路"建设,还能够提供新型城镇化农民养老保险新思路。因此,失地农民养老保险的需求等级为五颗星。

(3)交通、恐怖事件意外伤害保险

意外伤害保险是以意外伤害而致身故或残疾为给付保险金条件的人身保险。这其中的意外伤害有三层含义:首先,必须有客观的意外事故发生,且事故原因是意外的、偶然的、不可预见的。其次,被保险人必须因客观事故造成人身死亡或残疾的结果。第三,意外事故的发生和被保险人遭受人身伤亡的结果,两者之间有着内在的、必然的联系。

但是,目前在我国,意外伤害事件发生后,即使符合以上三层含义的限定条件,有些案例也是保险公司免赔付的。比如:犯罪、酒醉、吸毒、斗殴、自杀、恐怖袭击等行为中受到的伤害,属于不可保意外伤害,不在保险范围。同时,战争、核辐射、医疗事故、剧烈体育赛事等过程中受到的意外伤害,或在境外受到的意外伤害,还需要经过投保人与保险人特别约定,另外加收保险费后才予承保。

根据中国出口信用保险公司所列出的"十大风险",战争与内乱风险则排在首位。这意味着我国居民到"一带一路"沿线国家务工或旅行面临的意外伤害风险加大。一旦在境外发生伤害,不但身体受到伤害,还得不到基本的保险赔付。这无疑增加了我国居民到"一带一路"沿线国家务工或旅行的忧虑,从而阻碍"一带一路"建设的顺利推进。为此,《指导意见》特别指出:大力发展建筑工程、交通、恐怖事件等意外伤害保险和流行性疾病等人身保险产品,完善海外急难救助等附加服务措施。因此,考虑到交通、恐怖事件意外伤害保险目前还处于完善阶段,在"一带一路"实践中尚需继续完善,其需求潜力等级为三颗星。

表3.2 "一带一路"寿险需求类型、特征、潜力

险种类型	险种特征	需求方	需求潜力
务工人员意外伤害保险	1. 保费低 2. 高保障 3. 核赔理赔简单	"一带一路"所有相关务工人员	★ ★ ★ ★ ★
失地农民养老保险	1. 年满18周岁的失地农民 2. 保费缴纳分政府出资、村(组)集体出资和个人自愿缴纳	"一带一路"国内部门的失地农民	★ ★ ★ ★ ★
交通、恐怖事件意外伤害保险	1. 免赔条款较多 2. 特约保意外伤害需特别约定才能承保	"一带一路"所有相关务工和旅游人员	★ ★ ★

(4)案例分析:云南推动跨境保险业务发展,助力"一带一路"建设

云南不仅是古代南方丝绸之路的重要组成部分,也是现代"丝绸之路经济带"国内部分的桥头堡,与老挝、缅甸、越南等"一带一路"沿线国家山水相连,与南亚、东南亚14个国家毗邻,是我国能在陆上与南亚、东南亚直接相通,具有沟通太平洋和印度洋独特区位优势的地区。独特的区位优势使得云南具备"打造大湄公河次区域经济合作新高地,建设成为面向南亚、东南亚的辐射中心"的先天条

件。云南省保险业在服务国家"一带一路"战略和沿边金融综合改革实验区建设中,抓住千载难逢的历史机遇期,牢固树立大局意识、责任意识,不断创新服务理念和服务方式。

交通意外伤害险方面,目前人保财险云南省分公司、中国人寿云南省分公司在沿边8个州市沿边县设立有县支公司,在相关口岸均设立保险营销服务部,其他保险公司在口岸大多未设立服务机构。自1993年开始,人保财险(原中国人民保险公司)云南省分公司与越南安仙保险公司老街省公司签订了"双代"合作协议(即互为代查勘、代定损),合作地域范围仅限于河口县境内。此后,人保财险云南省分公司分别于2003年和2013年与其进行了两次会商,双方商定跨境机动车辆保险2000元以下不涉及人伤的理赔案件,可由对方代为办理查勘和定损工作,该协议至今仍沿用。

务工人员意外伤害保险和出境旅游意外伤害保险方面,云南保险业针对该省企业境外投资兴建项目积极承保工程保险、境外务工人员意外伤害保险以及出境旅游意外伤害保险;对境外到德宏州瑞丽市就读的外籍中小学生(缅甸籍为主)开展学生意外伤害保险。云南省红河哈尼族彝族通过积极推行针对境外医疗救援、境外医疗住院理赔的旅游保险产品,对我国和越南籍人士边境游给予了安全保障。

在保险跨境合作方面,省金融办2014年结合云南省开展跨境保险创新实践的工作重点、要点和路径,分别向中国人保集团、国寿集团发送了《关于共同推动开展跨境保险业务创新的函》(云金办函〔2014〕249号、253号)。希望人保、国寿等保险集团公司和省金融办一道共同以跨境保险为合作课题,产学研共同研究破题、共同推进开展符合云南沿边开发开放工作需要、体现云南省特点特色的跨境保险产品和服务创新。云南红河州通过深化与越南老街省安仙保险公司合作,开展双边互为风险评估、资信调查、查勘定损工作,为边境往来居民提供便捷保险服务;中国人寿云南省分公司初步拟订《沿金综改区 8+1 州市农村居民小额保险试点推进方案》和《瑞丽市入境外籍人员意外伤害保险试点方案》等。

目前而言,保险业服务"一带一路"倡议,规划建议多,实施细则少,理论研究多,实践经验少,保险投资实践相对多,保险保障实践相对少。而云南保险业通过多年跨境保险实践,为保险业服务"一带一路"提供了宝贵的实践经验。

3. 项目融资服务及潜力分析

（1）债权投资

债权投资是指为取得债权所进行的权益类投资。相比而言,债权投资安全性高于股票类权益投资,收益性高于银行存款、流动性高于不动产投资,从特性匹配而言符合保险资金安全性、收益性、流动性原则,是保险资金主要的投资渠道。当前,我国保险公司进行债券投资主要以国债或政府债投资为主,对投资企业债券有着严格的要求。例如:保险资金投资商业银行发行的金融企业（公司）债券,则该银行应当具有国内信用评级机构评定的 A 级或者相当于 A 级以上的长期信用级别,其最新经审计的净资产不低于 100 亿元人民币,核心资本充足率不低于 6%。另外,在投资企业债券的资产配置比例上也有严格要求,如保险公司投资同一发行人发行的企业（公司）债券的余额,不超过该发行人上一会计年度净资产的 20%;同一保险集团的保险公司投资同一期单品种企业(公司)债券的份额,合计不超过该期单品种发行额的60%。

众所周知,"一带一路"建设需要投入大量的资金。根据瑞士再保险经济研究及咨询部研究估计,2015—2030年间,"一带一路"地区仅基础设施缺口就达20万亿美元左右。同样,保险业拥有雄厚的资金实力,截至2017年1月,我国保险业总资产为15.77万亿人民币,资金运用余额13.88万亿人民币。供需有机结合,既能满足"一带一路"资金需求保险,又能满足保险资金保值增值需求。但是,"一带一路"风险复杂,保险资金对投资的安全要求较高。以债权投资的形式,通过购买"一带一路"相关的国债、企业债或金融债,既符合保险资金低风险、长周期的稳健投资要求,又符合"一带一路"相关企业的融资需要。此次《指导意见》明确支持保险资金通过债权、股权、股债结合、股权投资计划、资产支持计划和私募基金等方式,直接或间接投资"一带一路"重大投资项目,促进共同发展、共同繁荣。此次《指导意见》将债券排在支持首位,说明债券在保险资金支持"一带一路"中的地位和作用。因此,债券投资需求潜力水平为五颗星。

(2)股权投资

股权投资是企业通过购买其他企业的股票或以货币资金、无形资产和其他实物资产直接投资于其他单位,并通过控制股权、股权分红、股票交易获取较大经济利益的投资方式。但根据《保险资金投资股权暂行办法》(保监发〔2010〕79号):股权是指在中国境内依法设立和注册登记,且未在中国境内证券交易所公开上市的股份有限公司和有限责任公司的股权。相比债权投资而言,股权投资风险和收益相对较高。目前,我国股权投资主要是以投资企业股权的方式进行直接投资或投资股权投资基金的形式进行间接投资。与债券投资一样,我国对于保险资金投资股权也有严格的规定,如保险公司进行重大股权投资,应当向中国保监会申请核准,并配备多名专业的股权投资人员。在公司资质方面,进行直接股权投资的保险机构上一会计年度末偿付能力充足率不低于150%,上一会计年度盈利,净资产不低于10亿元人民币,三年未发现重大违法违规行为。

中国保险企业赴"一带一路"沿线国家投资,人生地不熟,难以在较短时间内熟悉投资东道国情况,通过FDI(外商直接投资)形式投资沿线国家风险较大。而且,与普通股票投资仅靠资本运作获利的简单投资方式不同,股权投资计划主要投资实体经济。在投资过程中,投资人把自己的资源和隐性能力嫁接到目标投资公司,为公司的长期发展做出持续性的贡献。保险资金通过股权投资的方式,投资"一带一路"国家的优质企业的股权,或通过投资"丝路基金"等国内外"一带一路"主题的股权投资基金,依托国内外股权投资基金的专业力量,在"一带一路"发展进程中寻找投资机会并提供相应的投融资服务。这样能够有效降低保险资金海外投资的风险。而且,《指导意见》也从政策层面明确:支持保险机构通过投资亚洲基础设施投资银行、丝路基金和其他金融机构推出的债权股权等金融产品,间接投资"一带一路"互联互通项目。因此股权投资的需求潜力等级应为四颗星。

(3)私募基金

私募基金相对而言是一个比较传统的投融资渠道,其主要是针对任何一种不能在股票市场自由交易的股权资产的投资。被动的机构投资者可能会投资私募基金,然后交由私募基金管理并投向目标公司。私募基金投资可以分为:杠杆收购、风险投资、成长资本、天使投资和夹层融资以及其他形式。私人股权投资基金一般会控制所投资公司的管理,而且经常会引进新的管理团队以使公司价值提升。与股权投资相仿,私募基金也具有高风险、高收益和全方位的增值服务的特征。也正是因为高风险的特点,中国保监会于2015 年才批准保险资金设立私募基金,支持保险资金设立成长基金、并购基金、新兴战略产业基金、夹层基金、不动产基金、创投基金及相关母基金,重点投向国家支持的重大基础设施、战略性新兴产业、养老健康医疗服务、互联网金融等产业和领域,专项支持中小微企业发展。

为寻求高财务回报,私募股权机构、主权财富基金以及国际养老基金亦相继投资"一带一路"相关项目。2015 年,国内首个致力于在"一带一路"战略中寻找投资机会的私募股权基金——绿色丝绸之路股权投资基金开始启动。虽然"一带一路"沿线国家拥有颇具吸引力的投资机遇,但发展中国家在财务信息和企业管治方面普遍质量较低,监管亦欠透明,很多交易甚至未有在资本账反映,债务更有可能被低估。相比于其他私募基金,保险机构以私募基金的渠道投资"一带一路"建设,能够利用自己先天的风险防范与风险预警基因,防范投资风险,又能够发挥私募基金高回报和全方位增值服务的优势,扬长避短。因此,保险资金私募基金投资的需求潜力等级为五颗星。

(4)债股结合

债股结合是指通过股权投资和贷款相结合的方式向企业提供全

方位的融资服务,通过股权的参与降低企业短期内较高的贷款成本,是一种企业新型投融资渠道。目前,我国无论是政府债务还是企业债务杠杆都较高,债股结合则瞄准市场空白点,在为企业提供贷款的同时以股权融资降低企业杠杆。债股结合一方面可以大幅降低企业借款利息;另一方面还可投资企业的股权,通过借款协议对应的服务,以及管理输出服务、营销对接服务、资本包装服务等企业扶持的新增值服务,实现直接融资。目前,针对不同的产业,"债股结合"产品可以配套不同的模式。例如:针对畜牧业和农业企业的"金融+服务+贸易"模式,保险资管企业可直接参与到企业的贸易环节,整合企业资源以获得贸易地位优势;针对蓝宝石产业或特色产业原产地采用"金融+服务+交易中心"模式,构建线下实际或线上虚拟交易中心,深入开展资产证券化业务;对危险品企业和红木企业等,采用"金融+服务+仓储物流"模式,为企业提供仓储物流服务。

一方面,"一带一路"仅靠各国政府的推动难以成为沿线各国真正的区域合作平台,其最终还需依靠市场的力量,才能发挥市场在资源配置中的决定性作用,才能实现区域间真正互联互通。而民营企业,特别是中小微民营企业则是市场繁荣与发展的活跃因素。但另一方面,我国目前中小微企业融资难的问题一直未能得到有效解决。长期以来,我国中小微企业因其自身实力原因,导致多数金融机构不愿给其贷款。即使部分企业通过各种渠道获得部分借贷资金,但因其在管理、营销、资本运作等方面缺少足够的经验与资源,加上目前实体经济运行困难,注定还是被淘汰。在此背景下,中小微企业可以以"一带一路"建设为战略契机,借助保险资金债股结合的融资渠道,在解决融资难问题的同时,实现企业战略平台、风险管理、资本运作等方面的提升。因此,保险资金债股结合渠道建设是"一带一路"资金需求的有益补充,其需求等级应为三星半。

(5)资产支持计划

资产支持计划是指保险资产管理公司等专业管理机构作为受托人设立支持计划,以基础资产产生的现金流为偿付支持,面向保险机构等合格投资者发行受益凭证的业务活动。其中,基础资产包括债权、股权、物权、收费权。基础资产要求还款来源明确、真实可靠、能够覆盖计划的本金和预期收益,同时要求交易对手提供保障充分的抵质押、强担保等。业务活动包括设计产品、募集资金、受让基础资产的受益权,按照约定获得预期收益。与其他投融资渠道相比,项目资产支持计划具有破产隔离和信用增级两大特点。其在法律制度上的创新在于,通过把证券化资产与发起人"破产隔离",实现证券化投资者的权益与发起人的信用状况的分离,从而避免了计划发起人破产对证券持有的影响,以保护投资者的权益。通过信用增级一方面能使将要发行的资产支持证券达到一定的投资等级,另一方面也能保护投资者的利益。

我国项目资产支持计划起步于 2005 年,是一种新型的投融资工具,属于资产证券化具体模式的一种,其他模式还有:资产支持专项计划模式、信托计划模式、资产支持票据(ABN)模式。其中,项目资产支持计划是保险行业专有的资产证券化模式。中国保监会于2015 年专门针对资产支持计划制定了《资产支持计划业务管理暂行办法》,并对资产支持计划业务的管理原则、交易结构、运作管理、风险控制、信息披露、监督管理等程序进行了规范。保险资金可以通过项目资产支持计划主动挑选并配置优质资产,在不大幅增加风险的前提下,能有效提高保险资金的投资收益率,增强收益率的长期稳定性,提高保险资金抗周期变化的能力。

"一带一路"方面设计的工程项目众多,而其沿线部分国家可能会面临政治、经济等诸多风险,一旦风险产生,保险资金在其中的投资成本将难以收回。通过项目资产支持计划,促进金融资本和产业资本的多元有效对接,深化国内险资机构与国内外产业机构的合作,打造更为适宜的投资模式。这样既能使对"一带一路"沿线国家的投资业务建立起规范的决策控制程序,严密防控投资风险,投资人以"破产隔离"的资产组合为保障,极大地减少了发起人发生接管、重组等情况所带来的风险;又能使"一带一路"相关企业摆脱资产本身的信用条件的限制,以降低企业融资的门槛,给投资者带来选择更多优质资产的机会。但考虑到资产支持计划属于新型投融资渠道,需要在今后的投资实践中掌控其风险,同时该渠道也存在一定的知识普及时间,因此其需求潜力等级为三星。

表 3.3　保险资金投资渠道、特点及需求潜力

险资投资渠道	渠道特点	渠道细分	需求方	需求潜力
债权	1. 安全性高于股票投资 2. 收益性高于银行存款 3. 流动性高于不动产投资	按发行主体:国债、企业债、金融债 按付息方式:贴现债券、附息债券、票息累积债券 可转换债券、债券型基金	"一带一路"国内部分的地方政府,海外贸易、建设的国内企业,海外相关企业	★★★★★

续表

险资投资渠道	渠道特点	渠道细分	需求方	需求潜力
股权	1. 风险相对高 2. 收益相对高	投资企业股权（直接投资）、投资股权投资基金（间接投资）	"一带一路"沿线国家优质的企业，以及国内相关主题的优质企业，股权投资基金	★★★★
私募基金	1. 高风险 2. 高收益 3. 全方位的增值服务	杠杆收购、风险投资、成长资本、大使投资和夹层融资以及其他形式	"一带一路"所有相关国家、企业、个人	★★★★★
股债结合	1. 降低企业借款利息，降低企业高额债务 2. 投资企业的股权，提供管理输出服务、营销对接服务、资本包装服务等增值服务 3. 专注于中小微企业，着眼于"长期合作、多方共赢"，解决中小微企业融资难	金融+服务+贸易、金融+服务+交易中心、金融+服务+仓储物流、金融+服务+系统平台	"一带一路"相关产业的中小微企业	★★★☆
资产支持计划	1. 破产隔离 2. 信用增级	普通资产支持计划（包括信贷贷款、汽车贷款、信用卡应收款、学生贷款、设备租赁和消费贷款等基础资产的现金流直通证券）、担保债务凭证（基于各种资产证券化技术，对债券、贷款等资产进行结构化设计）	"一带一路"相关基础资产的原所有者、投资者、信用评级机构、发行和评级等服务机构等	★★★

（6）案例分析——中国交建的"一带一路"保险资金需求分析

中国交通建设集团有限公司（下称"中国交建"）作为最早参与

建设"一带一路"的中国企业之一,目前已经在"一带一路"沿线 65 个国家追踪了多类项目,项目涉及铁路、公路、桥梁、隧道、机场、港口、运河、资源开发、城市综合体开发建设、工业投资、园区开发建设等。

早在"一带一路"构建之初,中国交建就已经主动承担了相关项目的勘察设计和规划咨询工作,参与提出线路走向建议,并积极参与相关基础设施建设项目。中国交建在"一带一路"沿线 65 个国家追踪了多类项目,运作并促成了一批起点高、影响深、规模大的"一带一路"项目和互联互通项目,已成为"一带一路"战略的推动者之一。目前,中国交建的港口建设覆盖缅甸、孟加拉、马来西亚、新加坡、斯里兰卡等国家,与"一带一路"相关联的产业园区已经签约 17 个项目。其中仅斯里兰卡科伦坡港口城市发展项目,总投资就 13.96 亿美元。

面对如此大的资金需求,中国交建应如何筹措?中国交建透露,未来将以促进金融资本和产业资本的多元有效对接为着眼点,积极探索融投资利用方式创新。在交通基础设施开发建设领域,探索绿地投资、股权投资、股权置换、参与股权基金、项目债券、资产证券化、发行永续债等多种形式,深化与国内外金融机构的合作,打造更为适宜的商业模式。立足全球资源,加快推进财务公司和产业基金、融资租赁、信托等新业务的开展,加速打造金融战略版图,构建起金融产业对海外发展的支撑体系。根据中国交建投资的融资方式可以得出:其大多数融资方式与目前保险资金支持"一带一路"投资的主渠道相匹配。如:股权投资、项目债券、资产证券化等等。同时,中国交建作为亚洲工程建设领域的龙头企业,其国际化水平在央企中处于领先地位,在海外已积累了大量项目储备,具有较强的抗风险能力,符合保险资金安全性、长期性等监管要求。

4.风险管理服务及潜力分析

（1）资信评估

"一带一路"沿线国家风险复杂多变,对于这些风险,除了要做好后期的风险保障外,更应该做好前期的风险防范与评估工作,而资信评估就是一项不错的防范措施。资信评估是对各类企业所负各种债务能否如约还本付息的能力和可信任程度的综合评估,是对债务偿还风险的综合评价。资信评估包括对债务偿还能力的评价和债务偿还意愿的评价两个方面。债务偿还能力是指企业或有关方面经营中产生现金流的能力、资产变现产生现金流的能力,与需要偿还债务的压力、正常经营所需要的支出的压力的对比。债务偿还意愿主要是债务人偿还债务的主观想法,是否愿意及时偿还债务,过去的偿债记录是不是有赖账的历史。

保险业因掌握大量投保人的信息,加上保险机构在风险预测与防范方面的先天条件,使其在资信评估方面具有其他评估机构所不具备的先天优势。随着"一带一路"建设进程的推进,我国保险机构可以先期"走出去",对沿线国家的政府和企业进行探索性的资信评估,为国内企业进一步"走出去"提供参考指标。而且,《指导意见》也明确提出要综合运用资信评估等产品和服务。在此方面,中国出口信用保险公司经过十余年的发展,在承保、理赔以及资信评估方面均形成了独特的技术和资源优势。专业的资信团队和庞大的信息数据库,能够为出口企业提供优质的风险评判服务,助力企业开拓市场。因此,资信评估需求潜力等级应为五颗星。

(2)国别风险咨询服务体系

中国出口信用保险公司不仅在资信评估方面具有优势,在国别风险咨询服务体系建设方面也积累了多年经验。国别风险是指由于某一国家或地区经济、政治、社会变化及突发事件,导致该国家或地区债务人没有能力或者拒绝偿付金融机构债务,使金融机构在该国家或地区的商业存在遭受损失,或使金融机构遭受其他损失的风险。

在进行国别风险分析时,可以将国别风险细化为一国的政治外交环境、经济金融环境、制度运营环境、社会安全环境范畴,而每个风险范畴内又包含了若干个范畴。金融机构应当将国别风险管理纳入全面风险管理体系,建立与本机构战略目标、国别风险暴露规模和复杂程度相适应的国别风险管理体系。国别风险管理体系包括以下基本要素:董事会和高级管理层的有效监控;完善的国别风险管理政策和程序;完善的国别风险识别、计量、监测和控制过程;完善的内部控制和审计。还应当建立与国别风险暴露规模相适应的监测机制,在单一和并表层面上按国别监测风险,监测信息应当妥善保存于国别风险评估档案中。国别风险评估框架及方法包括:财政和主权债务风险评估、宏观金融风险评估、政治环境分析、石油价格波动分析等方面。

根据中国出口信用保险公司的分析,"一带一路"沿线国家的整体风险水平较高,沿线国家的评级均值为5.54。而准确把握"一带一路"建设的风险状况,尤其是沿线国家的风险特性和发展趋势,是做好风险防范的重要基础。这一市场具有高风险、高成长的特点,风险管理能力是成功与否的关键。因此,国别风险咨询服务体系建设的需求潜力等级为五颗星。

（3）保险中介服务

保险中介是指介于保险经营机构之间或保险经营机构与投保人之间，专门从事保险业务咨询与销售、风险管理与安排、价值衡量与评估、损失鉴定与理算等中介服务活动，并从中依法获取佣金或手续费的单位或个人。保险中介在保险市场上作用的发挥，是由其在专业技术服务、保险信息沟通、风险管理咨询等诸方面的功能所决定的。

保险中介是保险市场精细分工的结果。保险中介的出现推动了保险业的发展，使保险供需双方更加合理、迅速地结合，减少了供需双方的辗转劳动，既满足了被保险人的需求，方便了投保人投保，又降低了保险企业的经营成本。保险中介的出现，解决了投保人或被保险人保险专业知识缺乏的问题，最大限度地帮助客户获得最适合自身需要的保险商品。此外，保险中介的出现和发展也使保险经营者从繁重的展业、检验等工作中解脱出来，集中精力致力于市场调研、险种开发、偿付能力管理、保险资金运用以及住处传递迅速、系统运转高效的管理制度建设等方面。

目前，"一带一路"建设催生的风险管理服务的巨大市场，为我国保险中介以风险管理为核心的转型发展与国际化发展提供了重要的历史机遇。保险中介服务的核心本质在于风险管理。保险中介以其资源禀赋优势，可以在"一带一路"建设中成为中国企业风险管理服务的提供者、中国保险业拓展国际保险市场的促进者。基于全球化市场格局的新变化、为中国企业扬帆海外保驾护航的需要、协同支撑我国保险业的国际市场拓展、促进我国服务贸易平衡等外在驱动，以及自身转型升级发展的内在要求,使我国保险中介企业的国际化发展成为必由之路,服务网络的全球化与企业国际化成为国际化发展的关键。保监会《指导意见》提出:鼓励保险中介机构主动发挥专业技术优势,为"一带一路"建设重大项目提供风险管理、保险及再保险安排、损失评估等全方位的保险中介服务。因此,保险中介服务需求潜力等级为四颗星。

第四章 沿线国家保险业发展及服务 "一带一路"建设的现状

保险业作为市场化的风险管理与资金融通机制,能够为"一带一路"建设提供风险管理服务和融资支持。这不仅是整个保险行业面临的重要发展机遇,也是保险业登上全球治理舞台,全面发挥风险保障、资金融通、社会管理、国际战略推动职能的重要契机。

一、全球保险业及沿线国家保险业发展现状

"一带一路"贯穿亚欧非大陆,一头是活跃的东亚经济圈,一头是发达的欧洲经济圈,中间广大腹地国家经济发展潜力巨大,沿线经过65个国家和地区。"一带一路"建设将为沿线国家提供新的机会,同时,"一带一路"建设作为一个开放性的合作平台,面向所有国家开放,无论是沿线国家还是域外国家,均可通过参与共建为本国和区域经济的繁荣发展做出贡献。

1. 全球保险业总体发展状况

近年来,尽管面临全球经济增长放缓的影响,保险业依然保持平

稳发展态势。据 Sigma 统计,2015 年全球实际保费收入 45537.85 亿美元,增长率达到 3.8%,高于 2014 年的 3.5%,其中发达市场增长 2.5%,新兴市场增长 9.8%。2015 年全球寿险业务实际保费收入 25338.18 亿美元,增长率达到 4.0%,其中发达市场增长 2.5%,新兴市场增长 12%。全球非寿险业务实际保费收入 20199.67 亿美元,增长率达到 3.6%,其中发达市场增长 2.6%,新兴市场增长 7.8%。

在各国和地区保险业统计数据还未公布的情况下,安联、瑞再等国际知名保险机构对 2016 年全球保险业发展情况进行了预测。据安联集团统计,2016 年全球保险费总收入达 3.65 万亿欧元(不包括健康保险),创历史新高同比增长 4.4%。其中,寿险业务增长 4.7%,财产和意外险业务增长 4.0%。据瑞再统计,在新兴市场保费强劲增长的带动下,全球保费收入有望持续增长。调整通胀因素后,2016—2018 年,全球非寿险保费预计分别增长 2.4%、2.2% 和 3.0%,其中新兴市场分别增长 5.3%、5.7% 和 6.7%。在新兴市场尤其是亚洲地区储蓄型产品的带动下,全球寿险市场增速将显著高于非寿险市场。2016—2018 年,全球寿险市场保费增速预计分别为 5.4%、4.8% 和 4.2%。其中亚洲地区寿险保费增速分别为 27%、17% 和 12%。

在实际保费(real premium)方面,2016 年新兴市场非寿险保费预计增长 5.3%,2017—2018 年预计增长 6%—7%。亚洲地区依然保持最高增速,2017—2018 年预计增长 8% 和 9%。到 2018 年,拉丁美洲和撒哈拉以南非洲地区非寿险保费增速将回落至 4%,中东和北非、中东欧将维持在 5% 和 4% 的增速。亚洲地区新兴市场寿险保费将保持强劲增速。中东和北非、拉丁美洲地区寿险保费有望超过

5%,撒哈拉以南非洲和中东欧寿险市场有望恢复增长。中产阶级崛起和"一带一路"建设的推进、监管政策的严密、拉丁美洲经济政策的优化、保险产品收益的提升将促进新兴市场的保费收入增长。

2. 沿线国家和地区保险业发展概况

从区域来看,"一带一路"沿线跨越中国、北亚、中亚、南亚、东南亚、西亚北非、独联体和中东欧等多个经济体,共 65 个国家和地区,除中国以外,其中,北亚 1 国:蒙古国;中亚 5 国:哈萨克斯坦、乌兹别克斯坦、土库曼斯坦、吉尔吉斯斯坦、塔吉克斯坦;南亚 8 国:巴基斯坦、印度、孟加拉国、斯里兰卡、阿富汗、尼泊尔、马尔代夫、不丹;东南亚 11 国:印度尼西亚、泰国、马来西亚、越南、新加坡、菲律宾、缅甸、柬埔寨、老挝、文莱、东帝汶;西亚北非 16 国:沙特阿拉伯、阿联酋、阿曼、伊朗、土耳其、以色列、埃及、科威特、伊拉克、卡塔尔、约旦、黎巴嫩、巴林、也门、叙利亚、巴勒斯坦;独联体 7 国:俄罗斯、乌克兰、白俄罗斯、格鲁吉亚、阿塞拜疆、亚美尼亚、摩尔多瓦;中东欧 16 国:波兰、罗马尼亚、捷克共和国、斯洛伐克、保加利亚、匈牙利、拉脱维亚、立陶宛、斯洛文尼亚、爱沙尼亚、克罗地亚、阿尔巴尼亚、塞尔维亚、马其顿、波黑、黑山。

限于数据和资料,本文对部分"一带一路"沿线国家和地区保险业的发展现状进行评述。如表 4.1 所示,"一带一路"沿线国家的保险市场大多低于全球平均水平,总体规模尤其是保险深度较小。总体来看,"一带一路"沿线国家的保险密度和人均 GDP 体现出较强的正相关性,显示保险业的发展水平是和国家经济的发展密切相关的。但是具体到各个市场的发展阶段,市场的成熟度相差很大,大致可以分为三类:第一类是新加坡。新加坡市场经济发达,保险市场规模大,监管规则与国际接轨程度较高。第二类是以中国、泰国、哈萨克斯坦等为代表的发展中国家。这些国家包括泰国、马来西亚、印尼、菲律宾、哈萨克斯坦、阿塞拜疆等。这一类市场的特点是经济发展和保险市场发展的水平一般,但市场容量和潜力较大,同时监管制度相对完善。潜在的经济增长能力,日益扩大的中产阶级群体,人口的不断增长和逐步老龄化,以及较为开放的市场环境使得这些国家的市场将会面临广阔的发展前景。同时,外资进入这些市场已经有一定时间,已经建立了一定的品牌意识。第三类是以缅甸为代表的经济落后国家。这些国家包括缅甸、柬埔寨和老挝等。这一类市场的特点是经济水平落后,保险市场处于发展的初级阶段,居民可支配收入较低,对保险功能不了解,保险意识不足,保险深度和密度都处于东南亚国家的底层水平。市场上主要销售的是产险产品,保险公司资金运用渠道较窄,但发展潜力较大。

分地区来看,在中亚地区,哈萨克斯坦 2015 年保险密度达到67.4 美元,同为独联体国家的俄罗斯和乌克兰保险密度则分别为117.1 美元和 29.9 美元。中东欧地区国家的保险密度呈现较大差异,如斯洛文尼亚保险密度高达 1058.2 美元,而塞尔维亚仅为 105美元。中亚、独联体、中东欧国家保险业均呈现非寿险业务规模高于寿险业务的特征,西亚和北非国家亦多是如此。作为重要的石油输出国,阿联酋、卡塔尔 2015 年保险密度均超过 1000 美元,而作为发达国家的以色列高达 1896.7 美元。南亚国家中除斯里兰卡外,巴基斯坦、印度、孟加拉国寿险业务均高于非寿险业务,该地区保险业总体发展水平较低,例如巴基斯坦保险密度仅为 11.5 美元,印度仅仅达到 54.7 美元。东南亚地区在呈现寿险业务占比较高的同时,保险市场发展程度存在明显差异。东南亚地区既有新加坡这样全球发达的保险市场,保险密度高达 3825.1 美元,同时也是"一带一路"65 个沿线国家和地区中唯一一个保险深度(7.25%)高于全球平均水平(6.23%)的国家,又有越南、菲律宾这样保险市场规模较小的国家。

表 4.1 2015 年"一带一路"建设部分沿线国家经济社会和保险业总体发展情况

国家	保费收入（百万美元）	寿险保费收入（百万美元）	非寿险保费收入（百万美元）	保险密度（美元）	保险深度（%）	人口（百万）	GDP（10亿美元）
哈萨克斯坦	1188	248	939	67.4	0.71	17.6	168.0
巴基斯坦	2182	1451	731	11.5	0.82	188.9	266.4
印度	71776	56675	15101	54.7	3.44	1313.0	2086.8
孟加拉国	1473	1082	390	9.1	0.67	161.0	218.5
斯里兰卡	892	383	508	43.1	1.15	20.7	77.6
印度尼西亚	14930	11013	3916	57.9	1.73	257.9	861.7
泰国	21682	14619	7063	318.9	5.49	68.0	395.3
马来西亚	14351	9588	4762	472.3	5.05	30.4	284.2
越南	2997	1583	1414	32.1	1.57	93.4	191.4
新加坡	28004	16258	11746	3825.1	7.25	5.5	292.7
菲律宾	5550	4010	1539	55.0	1.90	100.9	292.0
沙特阿拉伯	9891	256	9634	313.6	1.51	31.5	653.2
阿联酋	10093	2436	7657	1102.2	2.35	9.2	429.7
阿曼	1124	116	1008	250.3	1.57	4.5	71.7
伊朗	7877	825	7052	99.6	2.04	79.1	385.5
土耳其	11140	1361	9779	141.4	1.55	78.8	719.1
以色列	15295	8099	7195	1896.7	5.35	8.1	286.1
埃及	2108	988	1120	23.0	0.68	91.5	310.8
科威特	1048	174	874	269.1	0.90	3.9	116.6

续表

国家	保费收入（百万美元）	寿险保费收入（百万美元）	非寿险保费收入（百万美元）	保险密度（美元）	保险深度（％）	人口（百万）	GDP（10亿美元）
卡塔尔	2833	72	2761	1267.6	1.54	2.2	184.3
约旦	778	85	692	102.4	2.13	7.6	36.6
黎巴嫩	1521	455	1066	259.9	3.42	5.9	44.5
巴林	746	153	593	584.7	2.45	1.3	30.4
俄罗斯	16801	2129	14672	117.1	1.36	143.5	1236.4
乌克兰	1339	98	1241	29.9	1.41	44.8	94.9
波兰	14144	5857	8287	371.7	2.94	38.0	480.7
罗马尼亚	2137	427	1710	107.4	1.28	19.9	166.7
捷克共和国	6236	2537	3699	591.8	3.27	10.5	190.5
斯洛伐克	2198	980	1218	405.6	2.40	5.4	91.7
保加利亚	1069	188	881	149.3	2.18	7.2	49.1
匈牙利	2981	1602	1379	302.8	2.45	9.8	121.7
斯洛文尼亚	2192	628	1564	1058.2	5.01	2.1	43.8
克罗地亚	1270	426	844	298.8	2.62	4.3	48.5
塞尔维亚	753	165	587	105.0	2.05	7.2	36.8
中国	386500	210763	175737	280.7	3.57	1376.8	10811.4
全球	4553787	2533818	2109967	621.2	6.23	7330.2	73049.7

资料来源:瑞再控股股份有限公司经济研究及咨询部:《2015年度世界保险业:保费稳步增长,区域发展不均衡》,Sigma,2016年3月。

3. 典型国家保险业发展概况——以新加坡为例

第一,新加坡经济社会总体情况。

新加坡位于马来半岛最南端、马六甲海峡出入口,北隔柔佛海峡与马来西亚相邻,南邻新加坡海峡与印度尼西亚相望。土地面积714平方千米,2015年总人口554万,其中华人约占76%。

新加坡长期保持政局稳定,注重多元文化和宗教的和谐共处。

以严刑峻法治国,社会治安良好。2015年,新加坡国内生产总值达到2927亿美元,民众生活水平较高。新加坡是亚洲重要的金融和航运中心。2016年全球金融中心指数显示,新加坡在国际竞争力方面仅次于伦敦、纽约,是全球排名第三的金融中心。

第二,新加坡是发达保险市场。

新加坡保险市场高度发达,市场主体众多,外资保险公司将新加坡作为区域中心辐射东南亚。截至2014年,新加坡共有保险公司79家,包括17家寿险公司,57家产险公司和5家综合保险公司,还有37家再保公司,61家自保公司,另外劳合社(亚洲)在新加坡设立了28家劳合社辛迪加。此外,新加坡保险业拥有比较健全的行业协会组织体系,包括财产险行业协会、寿险行业协会、再保险行业协会、保险经纪行业协会和代理人协会。

第三,新加坡在"一带一路"建设中的重要地位。

新加坡位于东南亚的核心位置,地理优势明显,是"一带一路"战略中心的重要国家。新加坡市场开放程度高,国际保险集团大都在该市场设立机构开展业务,保险监管与欧美发达市场接近。新加坡是再保险公司的亚洲总部基地,许多跨国和区域再保险公司都通过新加坡将业务发展到整个亚太地区。

新加坡旨在2020年成为全球保险市场,希望不仅承保地区性风险,更能承保全球风险。为实现这一目标,新加坡提出了四个战略目标:提高供方专业知识技能以及供给能力,在新加坡和亚太地区促进保险需求,开发卖方和买家自由谈判和交易风险的商业市场,以及营造有利的商业环境。

二、国际保险机构服务"一带一路"建设的情况

1. 构建全球保险服务网络

当前,绝大多数国内的保险公司在国外是没有网络的,网络不健全就会局限服务的范围。外资保险公司全球服务网络可以收集各国当地的信息、通过案例归纳总结经验,结合当地政治经济的特点,帮助企业提前预判可能发生的风险并及时制定解决方案。

以苏黎世保险为例,近一个半世纪的保险经营历史积累了丰富的理赔经验和风险管理知识并且在全球210个国家和地区拥有自营机构或合作伙伴。不但可以为客户提供风险提示和建议,一旦客户在国外出险,还可以利用当地的分支机构进行快速处理,在尽可能短的时间内为全球客户提供理赔服务和风险保障,以最大可能地减少客户的经济损失。江泰保险经纪股份有限公司2013年1月17日发起创立江泰国际合作联盟(JTIA),总部设在中国北京,是目前全球唯一一家由中国保险经纪人主导并拥有全球服务网络的保险经纪人联盟。联盟成员遍及全球150余个国家和地区,其中有一大批是来自"一带一路"国家的联盟成员。联盟成员均为所在国、地区知名的保险经纪公司,具备一流的风险管理和保险经纪服务水平,联盟已初步形成能够为中国"走出去"企业提供国际标准的本地化保险经纪服务的全球网络。

2. 提供定制化产品和服务

"一带一路"建设项目面临政治、经济、法律、违约等多重风险,

要求保险公司提供综合性风险管理。跨国险企为企业提供定制化和全面的保险解决方案,将保险融入"一带一路"建设企业的长期战略和增长计划之中。例如,瑞再为发展中市场客户提供的"一体化建工保险"产品,这是一种全面的一体化解决方案,涵盖客户面临的不同风险,包括全面的工程和建设保险产品、初始运营保险、水险、参数和天气保险、结构化解决方案等。全球保险经纪公司利用其全球性或区域性网络为"一带一路"建设项目提供保险和风险管理服务。例如,达信作为全球保险经纪和风险管理领域的领先企业,发布《2016 年全球风险报告》《2017 年达信政治风险地图》,为企业深入了解发展中国家市场存在的相关政治和经济风险提供咨询,并设计和提供创新的行业解决方案为企业的未来发展保驾护航。

三、中国保险业服务"一带一路"建设的总体状况

1. 中国保险业发展现状

第一,服务经济社会发展的总体实力大幅提高。

近年来,中国保险业保持快速发展态势,保费收入从 2011 年的 1.4 万亿元增长到 2016 年的 3.1 万亿元,年均增长 16.8%。保险业总资产从 2011 年的 6 万亿元增长到 2016 年的 15.1 万亿元,年均增长 20%。中国保险市场规模先后赶超德国、法国、英国。为全社会提供风险保障从 2011 年的 478 万亿元增长到 2016 年前三季度的 2276 万亿元;赔付从 2011 年的 3929 亿元增长到 2016 年的 1.05 万

亿元。

第二,服务经济社会保障的范围日益扩大。

保险业立足于服务国家治理体系和治理能力现代化,保险业紧紧围绕"一带一路"、脱贫攻坚等国家战略做好保险服务。个人税优健康保险、巨灾保险工作持续推进,大病保险全面铺开,农业保险覆盖面不断扩大,责任保险产品体系日益健全,保险的经济"助推器"和社会"稳定器"作用日益发挥。2016年前三季度贷款保证保险支持小微企业及个人获得融资545.3亿元。推动短期出口信用保险市场稳步放开,2016年为8.22万家出口企业提供了4167亿美元的风险保障。共有17家保险公司在全国31个省市承办大病保险业务,覆盖9.7亿人。2016年,农业保险实现保费收入417.7亿元,参保农户约1.9亿户次,前三季度提供风险保障1.42万亿元。

第三,服务基础设施建设的能力持续突破。

保险资金具有长期性、稳定性的特点,是经济建设的重要资金来源,在长期投资方面具有独特的优势。近年来,保险资金市场化改革实现了重大突破,保险资金以债权、股权等形式支持交通、能源、城建等基础设施建设的金额大幅增长。截至2016年底,保险机构累计发起设立各类债权、股权和项目资产支持计划659项,合计备案注册规模1.7万亿元。中保投资已累计募集资金总规模超1500亿元。

2. 中国保险业服务"一带一路"建设的主要做法

保险是现代社会风险管理的基本手段,也是当前国际经济事务中最成熟最常见的风险防范机制。但目前"一带一路"沿线国家的保险市场大多处于发展的初级阶段,规模较小,保险供给能力也无法满足区域保险需求,这就需要我国保险业主动作为,增强区域内保险供给能力,满足区域保险市场的需求,为沿线国家建设和发展提供高水平的风险管理。

中国保险业解放思想、大胆探索,积极服务"一带一路"战略,取得了较好成效。一是提供资金支持。保监会加快保险资金运用市场化改革,减少前置审批,放宽投资比例限制,丰富投资形式,支持保险资金参与"一带一路"建设。二是完善保险服务。保险业针对海外投资项目和出口合同的特点,量身定制保险方案。加强与银行合作,为企业提供信息咨询、融资设计等增值服务,提高企业在大型成套设备出口、境外投资、海外工程承包等方面的竞标优势和投融资能力。三是深化监管合作。加强与亚洲地区保险监管双多边合作,提升我国保险监管的区域影响力。加强"偿二代"在新兴市场的宣传和推广。

统筹推进,做好顶层设计

"一带一路"建设启动以来,中国保险业通过座谈会、专项课题等方式,研究推动保险业对接国家"一带一路"建设。

2016年,广东保监局指导行业深度参与"一带一路"建设,与有关部门联合搭建"海外投资风险保障平台",为企业境外投资、海外工程承包提供保险解决方案,主动介入项目谈判和投标工作,促进"一带一路"项目建设和国际产能合作。2017年,河南省搭建了政策性出口信用保险"走出去"风险统保平台。优先支持"一带一路"等国家重大战略项目、国际产能及装备制造合作项目以及国家和省认定的境外贸易合作项目。广西保险业在事前提供目标市场和国外买家资信信息,做好风险防范;事中提供专业风险管理服务,及时提供预警信息和风险处理意见;事后给予及时赔付,并协助追回贷款。据统计,2015 年以来,出口信用保险共计为广西农产品出口企业提供4.99 亿美元的风险保障,累计赔付支出 26 万美元,为该省服务"一带一路"发展、发挥东盟区位优势奠定了良好的基础。

2017 年 4 月 27 日,为深入贯彻落实党中央、国务院关于"一带一路"建设的重大决策部署,推动保险业全方位服务和保障"一带一路"建设,中国保监会发布《中国保监会关于保险业服务"一带一路"建设的指导意见》。这是保险业服务"一带一路"建设的顶层设计,将从行业层面整体推进,在产品、资金、机构、人才等领域协同发力,提升保险业服务"一带一路"建设的渗透度和覆盖面。

主动对接保障和融资需求,创新产品和服务

一是稳步推进保险机构拓展。太平保险、中再保险等稳步推进保险机构的全球化机构布局,在"一带一路"经济带劳务输出、承揽境外工程项目较为集中的地区设立营业性机构。中国人寿等利用全球金融危机中境外金融机构普遍价值低估的机会,通过并购等方式,收购有影响力的保险机构,已经或计划在西欧、东亚、俄罗斯等地付诸实施;中国人民财产保险等与境外保险机构密切合作,采用"代出单"等契约方式,借船出海,跨境提供保险服务,建立国际保险市场网络。

二是加强保险产品和服务创新。加强产品创新,为"一带一路"的重大项目和进出口贸易等提供特色保险服务,为跨境投资和贸易合作保驾护航。以中国人民财产保险、中国出口信用保险、中再保险为代表的多数公司积极为海外基础设施、能源资源、装备制造、产能转移、农业合作、出口信用等提供广泛的保险和再保险支持。2013年至2017年1月,中国信保承保"一带一路"沿线国家出口和投资4231亿美元,支付赔款超16亿美元,承保了巴基斯坦大沃风电、中亚天然气管线、土耳其安卡拉—伊斯坦布尔高速铁路等重要项目1062个,承保覆盖交通运输、石油装备、电力工程、房屋建设、通信设备等多领域。以平安保险、中国人寿为代表的保险机构推动"走出去"企业建立共保业务模式,提供完善的员工福利计划,减轻跨境服务人员的后顾之忧。平安保险、中华联合等重点面向国内"一带一路"经济区开展综合性保险服务,并积极向毗邻的境外领域寻求拓展。

三是开展保险直接和间接投资。发挥资本融通功能,为"一带一路"建设提供多元化的资金支持,是保险机构普遍考虑的重要举措。积极配合"一带一路"相关交通、能源、通信等大型基础设施建设,通过直接投资参与重大工程项目。中国人寿、中国人民财产保险等多家公司利用有利的市场时机,针对境外优质的物业等固定资产,开展直接投资。面向亚洲基础设施投资银行、丝路基金和其他金融机构推出的债权和股权等工具,开展间接投资。2015年,国务院批准设立中国保险投资基金,由中保投资有限责任公司担任基金管理人。中国保险投资基金与招商局轮船股份有限公司合作发起"中保投—招商局轮船股份股权投资计划"400亿元,直接投资招商局轮船境外项目,其中包括在亚洲(斯里兰卡科伦坡港)、欧洲(土耳其昆波特码头)和非洲(吉布提国际自由港)投资建设港口项目,打通"一带一路"经济带。通过增资中国液化天然气运输公司对接俄罗斯亚马尔液化天然气运输项目,投资新造 10 艘超大型油轮,有效支持国家能源储备计划及国油国运政策。

四是深化国际合作。深化与"一带一路"沿线国家的合作,争取沿线重要国家和地区对我国保险业参与"一带一路"建设的支持,为企业"走出去"优化政策环境。为此,中国保监会积极与沿线重要国家签署了一系列合作协议。例如与俄罗斯签署《中俄保险监管合作谅解备忘录》,以及进一步细化落地的《中俄保险业合作发展行动计划》,合作内容涵盖旅游保险、再保险、核共体、设立共同基金、保险资金运用、丝绸之路经济带合作、航空航天保险、重工机械保险等双方共同关注的领域,对于服务中俄"一带一路"重点投资项目建设,支持"一带一路"战略实施具有积极意义。同时,借助我在国际保险监管平台的影响力,宣传推介中国的"一带一路"倡议,吸引各国为"一带一路"建设助力。近年来,在中国保监会的大力推动下,亚洲地区保险监管合作平台——亚洲保险监督官论坛(AFIR)正在推行一系列战略改革。中国保监会利用在 AFIR 的重要影响力,以及担任轮值主席的契机,在亚洲周边国家中宣讲"丝路故事",引起了诸多"一带一路"沿线国家和地区的极大兴趣,为保险业服务"一带一路"建设打出了品牌,创造了良好的国际环境。

五是开展风险管理研究。广泛动员研究力量,面向"一带一路"的特定风险,积极开展针对性研究,探索建立专项机制。中再集团正与保险学会和知名高校合作,开展中国—东盟巨灾保险研究项目,尝试建立巨灾业务合作机制。中国信保设立"一带一路"风险专报,撰写沿线国别风险报告,汇编国别《双边投资保护协定》。人保等面向

"走出去"企业开展咨询服务,为海外拓展提供前置性风险判断,积极构筑海外风险保障。

四、我国保险业服务"一带一路"建设存在的不足

1. 保险业发展水平总体不高

如前所述,"一带一路"沿线国家,除新加坡和我国香港地区以外,保险业发展水平总体不高。数据显示,截至 2015 年年底,我国保险密度为 1766.49 元/人(折合 271.77 美元/人),保险深度为3.59%。而同期,全球市场保险密度为 662 美元,其中,美国、日本、英国和法国等发达经济体的保险密度约 4000 美元/人,我国与其相比相差 10 多倍。全球保险深度为 6.2%,其中美国、日本、英国和法国等发达经济体的平均保险深度在 10%左右,我国的差距也非常明显。2011 年到 2015 年,虽然我国保险市场在全球排名由第 6 位升至第 3 位,但也只能说明我国是一个保险大国而非保险强国。"一带一路"沿线国家保险深度和保险密度的不足,反映了当前保险业还不能够为"一带一路"跨境合作提供全面的风险保障与服务,还不能够为"一带一路"建设提供有力支撑。

2. 保险业国际市场渗透水平有限

总体上看,"一带一路"沿线国家保险业服务国际贸易还处于起步阶段,海外分支机构少,境外保费收入低。例如,2015 年我国保费收入 2.4 万亿元,但跨境保险保费收入仅为 20 亿元,所占比例不到

总额的千分之一。从国际上来看,2013 年中国保险业的国际市场占有率为 3.94%,与英国和美国高达 15% 以上的市场占有率相比差距很大。2012 年,在保险服务贸易居前列的十大经济体中,中国的保险服务出口不仅次于欧盟、美国这些超级经济体,也次于瑞士这样的小型经济体。然而在进口方面,却远高于日本、印度、加拿大、新加坡等其他经济体。因而,长期以来中国保险服务贸易一直处于逆差状态。2013 年,保险服务贸易出口 40 亿美元,进口则 221 亿美元,逆差达 181 亿美元。这表明我国保险公司的涉外保险业务并没有随着国际货物贸易的发展相应地增长,国际竞争力弱致使相匹配的保险服务仍多由外方提供。

3. 保险业国际经营能力有待提升

"一带一路"沿线国家和地区多为发展中国家和转型国家,国内经济基础薄弱、政治局势动荡,风险具有结构性、长期性和复杂性。随着"一带一路"建设的全面推进,激发出巨量的保险需求,保险业面临着快速提升服务能力的巨大挑战。然而,"一带一路"沿线国家创立的跨国保险机构数量十分有限,保险业国际经营能力严重不足。例如,对于海外投资保险,目前我国能提供该项服务的只有中信保一家政策性保险机构,海外投资保险制度亟待升级。对于海外工程保险,只有美亚保险、苏黎世保险、丰泰保险、中国人保集团和华泰保险等少数具备较强竞争力的保险企业敢于尝试,保险业跨境经营能力尚待提高。相比于"一带一路"巨大的资金需求,我国国内保险资金海外投资的规模也比较小,投资品种也较为单一,保险资金海外投资能力有待加强。截至 2014 年末,我国只有 12 家境内保险机构在境外设立了 32 家营业机构,海外布局严重滞后制约了保险海外业务的开展。"一带一路"创造了巨量的保险需求,面对我国保险机构承保能力有限的实际情况,亟待通过再保险渠道,分散保险企业风险,而我国再保险国际化还处于起步阶段。

第五章 我国保险资金运用系统性风险防范

习近平总书记在 2017 年全国金融工作会议上指出,防止发生系统性金融风险是金融工作的永恒主题。保险业作为金融体系的重要组成部分,又是专门经营风险的特殊行业,更需要将防范风险放在首要位置。

一、当前我国面临的经济金融形势

1. 我国经济继续保持稳中向好发展态势

一是经济运行在合理区间,稳的格局更加巩固。从宏观经济主要指标来看,2017 年前三季度我国经济运行呈现了增长平稳、就业扩大、物价稳定、国际收支改善的良好运行的格局。经济运行总体平稳,前三季度国内生产总值同比增长 6.9%,这个增速与上半年持平,比年同期加快了 0.2 个百分点,其中三季度国内生产总值同比增长 6.8%,经济连续九个季度运行在 6.7%—6.9% 的区间,发展的韧性明显增强。

二是经济结构调整优化,发展的协调性增强。从产业结构来看,服务业的主导作用进一步增强,工业向中高端迈进,服务业在2012年就成为了我国国民经济的第一大产业,2017年以来继续保持全面快速的发展态势。2017年前三季度服务业增加值同比增长了7.8%,比第二产业快1.5个百分点,服务业对经济增长的贡献率达到了58.8%,比上年同期提高了0.3个百分点。工业向中高端迈进,工业领域当中,高技术制造业、装备制造业呈现加快增长的态势,目前高技术制造业增加值占规模以上工业的比重已经达到了12%以上,装备制造业占工业比重达到了32%以上,可以说工业技术含量和发展水平在进一步提升。

三是新旧动能加快转换,活力潜力持续释放。新产业、新产品在快速成长。前三季度战略性新兴产业同比增长11.3%,增速快于规模以上工业4.6个百分点。在服务业当中,信息传输、软件和信息技术服务业,租赁和商务服务业指数增长速度分别达到了29.4%和11.4%。前三季度新的产品在高速增长,工业当中,民用无人机产量同比增长了一倍,工业机器人产量增长69.4%,新能源汽车增长30.8%,集成电路、太阳能电池等产品的产量增长幅度也都在20%以上。

四是质量效益明显提升,发展的可持续性增强。从居民收入来看,前三季度居民收入同比增长7.5%,增幅比上年同期加快了1.2个百分点,继续快于GDP和人均GDP的增长速度。企业利润增长也比较快,2017年以来,规模以上工业企业利润增速一直保持在20%以上,1—8月份规模以上工业企业的利润同比增长了21.6%,增速比上年同期加快了13.2个百分点。规模以上服务业企业的利润增长也达到了22.8%,比上半年加快了6.8个百分点。财政收入的增长态势也好于上年,前三季度全国一般预算收入增长了 9.7%,比上年同期加快了 3.8 个百分点。企业、居民收入还有政府的财政增长都在加快。2017 年是整个经济发展当中,各类经济主体获得感比较强的一年。

2. 我国金融市场整体稳健

一是基础货币增长合理。2017 年 9 月末,M_2 余额 165.57 万亿元,同比增长 9.2%;前三季度净投放现金 1445 亿元。二是信贷规模增速平稳,结构合理。前三季度人民币贷款增加 11.16 万亿元,同比多增 9980 亿元。其中,住户部门贷款增加 5.73 万亿元。人民币存款增加 11.68 万亿元,同比少增 1.13 万亿元。三是货币市场利率波动减少,但仍处较高水平。9 月份银行间人民币市场同业拆借月加权平均利率为 2.92%,质押式债券回购月加权平均利率为 3.07%,同比分别高 0.67 个和 0.79 个百分点。四是债券发行规模平稳,交易量有所减少。9 月份,债券市场共发行各类债券 4.2 万亿元,较 8 月减少 0.2 万亿元,其中公司信用类债券发行 6386 亿元,同业存单发行 2.2 万亿元。同时,银行间债券市场现券成交 10.2 万亿元,日均成交 4637.4 亿元,同比减少 13.0%。五是股票市场运行基本平稳。9 月末,上证综指收于 3348.94 点,跌幅为 0.35%;深证成指收于 11087.19 点,涨幅为 2.50%。沪市和深市日均交易量分为 2375 亿元和 3120 亿元。

3. 国际经济运行态势趋好,长期仍复杂多变

一是主要经济体的复苏态势延续。美国经济持续增长,2017 年

三季度实际 GDP 环比折年率初值为 3.0%,维持近两年的高位水平;9 月失业率 4.2%,为近年新低。欧元区经济保持复苏态势,三季度 GDP 增速为 2.5%;9 月份制造业 PMI 终值为 58.1,创近 7 年新高;日本经济继续温和复苏,三季度实际 GDP 环比折年率初值为 1.4%,7 个季度正增长。二是主要资产价格有所回升,但增幅仍比较平缓。9 月末,道琼斯工业平均指数、日经 225 指数、欧元区 STOXX50 指数较 6 月末分别上涨了 4.94%、1.61%、4.44%;美元指数有所下行,但幅度不大;货币市场利率波动较小。

但从长期看,国际经济形势仍需持续关注。一方面,全球主要经济体"货币政策正常化"趋势较为明显。美国步入了加息周期的同时,美联储按计划进行缩表;英国央行于 11 月宣布加息 25 个基点;欧洲央行购债规模缩减至每月 300 亿欧元。国际上,货币政策转向对我国货币金融政策、市场利率等的影响仍需观察。另一方面,新兴经济体经济增长仍存在不确定性。2017 年巴西、印度、俄罗斯货币政策仍维持宽松,仍在一定程度上反映了新兴经济体经济增长面临压力。而在发达经济体货币政策转向正常化背景下,新兴市场经济体面临外需疲弱与跨境资本波动等风险。

当前,我们面临的国内外经济金融形势更加复杂多变。党的十九大指出,我国正处在转变发展方式、优化经济结构、转换增长动力的攻关期,必须把发展经济的着力点放在实体经济上,增强金融服务实体经济能力。在 2017 年全国金融工作会议上,习近平总书记指出,服务实体经济、防控金融风险、深化金融改革是新形势下金融工作的三项重点任务,对我国金融发展作出了整体战略规划,也是我们做好金融保险工作的根本指针。

二、保险资金的本质属性和功能定位

保险,是市场经济条件下风险管理的基本手段,是国家经济金融体系和社会保障体系的重要组成部分,在参与社会管理、构建养老健康体系、服务实体经济、优化金融资源配置等方面,扮演着社会"稳定器"、经济"助推器"和金融"减震器"的重要角色,成为我国经济发展的一支重要力量。近年来,我国保险市场不断壮大、业务体系更加完善、资金实力日益增强、保费收入居世界前列。2016 年,保费收入达 3.1 万亿元,居世界第 3 位。2016 年为全社会提供风险保障 2373万亿元,是 GDP 的 32 倍,赔付 1.05 万亿元。

1. 保险资金有着保险业与生俱来的固有属性

保险资金不同于银行、证券、信托等资金,有其固有的本质属性。第一,保险资金是长期资金,主要来源于保费收入,以寿险产品为例,期限通常在 10 年以上。相比银行、证券、信托等资金,保险资金在提供长期资本上具有比较优势[①]。第二,保险资金投资规模大,一般是几十亿元,甚至上百亿元,可以对接资金需求大、投资回收期长的大型经济建设项目,如基础设施、交通、能源等领域的投资标的。第三,保险资金追求绝对收益。保险资金是商业资金,有固定的资金成本,

---

① 从国际来看,在美国,公共养老金、保险资金提供了美国基础设施建设所需资金的 43%;在日本,保险资金以"公团贷款"和"财政投资贷款协作"方式为城镇化和公共基础设施提供大量投资资金,最高时占行业新增资产的 24.5%。

不能过多投向收益波动大的品种,需要更注重投资的安全审慎,确保投资收益的长期性和稳定性。

2. 保险资金运用基本情况

从资产规模看,截至 2017 年 9 月末,保险业总资产 16.58 万亿元,2004—2016 年间,年均增速为 23.59%①;保险资金运用余额 14.65 万亿元,2004—2016 年间,年均增速 23.34%。从投资收益看,2017 年 1—9 月,保险资金运用累计收益 5814.54 亿元,平均收益率 4.05%。2012—2016 年,行业投资收益率分别为 3.4%、5.04%、6.3%、7.56%、5.66%,整体稳定在 5.60% 左右(见图 5.1)。从资产

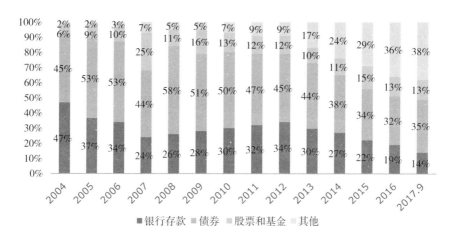

图 5.1　2004 年以来我国保险资金运用情况

(数据来源:中国保监会)

---

① 指的是 2004—2016 年间的年均增速。2003 年第一家保险资产管理公司——中国人保资产管理股份有限公司挂牌成立,标志着我国保险资金运用市场化、专业化正式起步,行业统计数据一般自 2004 年起。

配置看,银行存款 2.01 万亿元,占比 13.73%;债券 5.13 万亿元,占比 35%;股票和证券投资基金 1.88 万亿元,占比 12.86%;其他投资 5.63 万亿元,占比 38.41%(见图 5.2)。从未来趋势看,按照"国十条"战略目标,到 2020 年我国保险深度达到 5%,保险密度达到 3500元,届时保险资金规模将达 20 万亿元—30 万亿元。

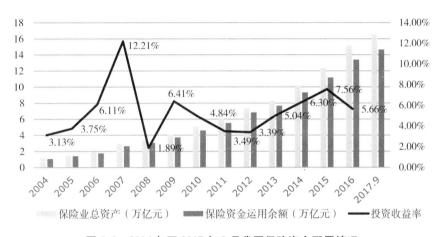

图 5.2 2004 年至 2017 年 9 月我国保险资金配置情况

3. 保险业立足风险管理主业,深度参与社会管理、民生保障

风险管理是保险的核心功能,保险是风险管理的重要手段。保险所提供的不仅仅是产品和服务,更是作为一种市场化的风险转移机制、社会互助机制和社会管理机制,渗透到经济、社会、民生的各个方面,在社会管理、民生保障和养老健康等方面发挥着社会"稳定器"的重要作用。

第一,保险是社会管理的重要组成部分。作为一种市场化的风险转移机制,保险将风险管理技术与社会管理痛点相结合,积极参与社会治理,有利于从源头上预防和减少矛盾纠纷,维护社会大局稳定;有利于预防和减少风险事故,促进经济社会稳定发展;有利于整合社会管理和社会服务资源,建立健全社会管理新格局。保险业历来重视社会管理功能的发挥,在参与社会管理创新、利用保险机制优势分散社会风险、化解社会矛盾、减轻政府压力、维护社会稳定等方面取得了初步成效。从财产险来看,机动车保险业务不仅提供事故发生后的经济补偿,保险机构还参与到事故后的求助,利用数据分析为机动车安全隐患及道路安全提供解决方案和建议,参与机动车安全标准的制定等;从健康保险来看,保险机构不仅仅为被保险人提供疾病发生后的经济补偿,还为患者提供健康管理服务,协助医疗机构制定诊疗标准;从宏观层面来看,保险业通过参与灾害风险管理中的灾害防范体系、灾害救助体系、灾后经济补偿,以及通过责任保险缓解社会矛盾,在国家风险管理体系中发挥重要作用。2016 年,我国责任保险累计提供风险保障 118.2 万亿元,出口信用保险累计为 8.22 万家出口企业提供风险保障 4167 亿美元,地震巨灾保险合计出单 18 万笔,提供风险保障 177.6 亿元。

第二,保险是构筑民生保障网和养老健康体系的重要支撑。目前,我国人民日益增长的美好生活需求以及人口老龄化使得保障及养老健康需求更加迫切。保险业充分发挥保险产品和资金优势,积极推动民生保障和养老健康产业发展。一是积极开展商业健康保险、商业养老保险、农村养老保险、大病保险、长期照护保险,大力推进老年人住房反向抵押养老保险试点、养老机构责任保险等配套政策及服务,积极完善社会保障体系。2016 年,人身险保费收入 2.2 万亿元,其中寿险、健康险、意外伤害险分别为 1.74 万亿元、0.4 万亿元、0.07 万亿元。大病保险覆盖全国 31 个省市、9.7 亿人。养老保险保费资产截至 2017 年 5 月约达 2.52 万亿元。二是保险资金积极支持民生项目建设,参与养老养生、医疗健康产业的投资运营。截至目前,保险业直接投资了 28 个保险养老社区项目,计划投资金额近 670 亿元,全部建成后可提供 33 万张床位。此外,通过股权、债权、产业投资基金等方式和多种投资工具,参与公立医院、医疗健康设施和养老设施建设。三是发挥长期资产配置的专业优势,积极参与社保基金管理。其中,截至 2016 年底,保险业共为 5.1 万家企业提供受托管理服务,覆盖 1086 万职工,累计受托管理资产 5167 亿元(见图 5.3);管理企业账户 15689 个、个人账户 281 万个;负责投资管理的资产余额 5730 亿元。从市场份额看,企业年金法人受托市场份额为 74.5%,其中,国寿养老、平安养老在全部 10 家法人受托机构中排前两位,市场份额为 53.7%。

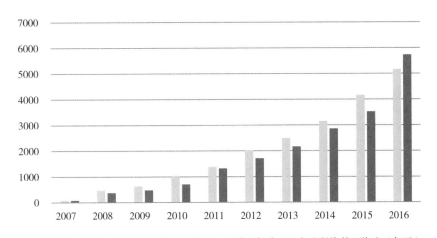

养老保险 企业年金受托管理资产（亿元）　养老保险 企业年金投资管理资产（亿元）

图 5.3　近年来养老保险关于企业年金受托及投资管理情况

(数据来源:Wind)

4. 保险资金坚持服务实体经济,为国家重大战略提供资金支持

国际经验表明,保险资金是政府急需长线投资的主力。在美国,公共养老金、保险资金提供了美国基础设施建设所需资金的 43%;在日本,保险资金以"公团贷款"和"财政投资贷款协作"方式为城镇化和公共基础设施提供大量投资资金,最高时占行业新增资产的24.5%。随着我国保险业的快速发展和资金的不断积累,保险业支持经济建设的作用将日益突出。

第一,保险资金积极参与国家重大战略建设,为"一带一路"、京津冀协同发展、长江经济带、重大基础设施建设和民生工程等国家战略项目提供资金支持。一是通过债权投资计划、股权投资计划、资产支持计划等方式积极投资实体经济,投资领域涉及交通、能源、市政、环保、水务、棚改、保障房、物流仓储、工业园区等领域,投资范围涉及全国 27 个省(区、市)。截至 2017 年 6 月底,保险机构累计发起设立债权投资计划和股权投资计划 707 项,合计备案注册规模 1.77 万亿元。二是推动设立中国保险投资基金,整合行业资金投向国家重大基础设施建设,目前已累计募集资金总规模超 1500 亿元,先后成立多只基金,重点投向"一带一路"、清洁能源、煤炭企业兼并重组、物流仓储等领域,支持经济转型升级。三是积极支持国家重大战略,截至 2017 年6 月底,投资"一带一路"6994 亿元,投资绿色金融 5923 亿元,投资长江经济带 2351 亿元,投资棚户区改造 1241 亿元,投资京津冀协同发展1120 亿元,投资振兴东北老工业基地 300 亿元。(见图 5.4)

第二,保险资金是脱贫攻坚战略和"金融扶贫"的重要践行者。保险具有明显的"扶危济困、雪中送炭"特征,与扶贫理念天然契合,与脱贫目标完全一致,服务脱贫攻坚战略有着天然优势。保险业积

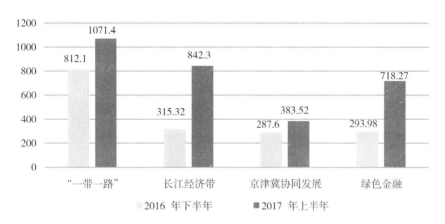

图 5.4　保险资管产品主要投资领域及规模（单位：亿元）

（数据来源：中国保险资产管理业协会）

极构建以大病保险、农业保险、小额保险等为主的保险扶贫保障体系，以小贷险、学贷险、农险保单质押贷款等为主的保险扶贫增信体系，以产业扶贫投资基金等为主的保险扶贫投资体系，全方位助力脱贫攻坚。一是立足保险业功能作用，服务脱贫攻坚战略落实。2016年，保监会与国务院扶贫办联合印发《关于做好保险业助推脱贫攻坚工作的意见》，对扶贫保险给予保费补贴，对贫困农户参与农业保险降低 20% 的费率，并实行灾后预付赔款制度，鼓励在贫困地区开展地方特色农产品保险，为脱贫攻坚提供强有力的金融支持。二是聚焦重点领域和地区，助推脱贫攻坚目标实现。贫困群众的主体是农业人口，大力发展农业保险。2016 年，农业保险为 2.04 亿户次农户提供风险保障 2.16 万亿元，为 4575 万户次农户支付赔款 348 亿元，南方洪涝灾害农险支付赔款超过 70 亿元，在重大农业灾害中成为农民恢复生产的重要资金来源（见图 5.5）；贫困人口中因病致贫返贫占比达 40%，积极承办大病医保。截至 2016 年底，大病保险覆盖城乡居民 10.1 亿人,平均报销水平提高 13 个百分点,超过 1100 万人受益。在江西、河南、云南等地开展贫困人口补充医疗保险,覆盖 1000 多万贫困人口。三是突出民生保障和产业造血,全力打赢脱贫攻坚战。推动贫困地区保险服务到村、到户、到人,贫困人口"能保尽保",构筑贫困地区风险防范屏障;开发出各类保障适度、保费低廉的扶贫小额保险,兜住困难群体生产生活风险底线。农村居民和农民工的小额人身保险参保人数达到 9000 万人次,保障金额超过 1.4 万亿元;探索出河北阜平"金融扶贫、保险先行"等扶贫模式,放大金融财政资金的使用效应;设立中国保险业产业扶贫投资基金,重点投向连片特困地区、革命老区、民族地区、边疆地区的特色资源开发、产业园区建设和新型城镇化发展等,并带动社会资金流入,促进贫困地区经济发展和产业脱贫。

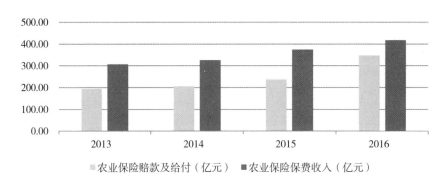

图 5.5 近年来我国农业保险赔款及给付金额

(数据来源:Wind)

第三,保险资金是服务供给侧结构性改革的重要参与者。供给侧改革是现代保险服务业发展的主线。保险资金因期限长、规模大,得以关注投资的中长期表现,在服务供给侧改革上享有优势。围绕"去产能、去库存、去杠杆、降成本、补短板"五大任务,保险资金加大创新力度,积极发挥保险资金融通和引导作用。一是助力促进钢铁、煤炭等行业加快转型发展和实现脱困升级,支持保险资金参与降杠杆和市场化债转股。截至 2017 年 8 月末,累计注册永续债 14 项,规模达 808 亿元。目前,保险资金参与了陕煤集团 100 亿元债转股项目、中船重工 20 亿元债转股项目、中国华能 100 亿元债转股项目。二是积极参与 PPP 项目和重大工程建设,陆续印发《关于保险资金投资政府和社会资本合作项目有关事项的通知》《关于债权计划投资重大工程有关事项的通知》等系列配套文件,从技术细节上明确了具体支持政策,如优化投资渠道、投资方式、主体资质、信用增级等方面的监管要求。三是创新融资方式,通过股权、产业基金等方式,大力支持能源环保、医疗健康、先进装备制造、消费升级以及信息传媒等战略新兴产业发展,助力经济新动能的培育。截至 2017 年 8 月末,累计成立股权投资计划 34 项,注册规模 1648.5 亿元。四是通过科技保险体系,促进企业创新和科技成果产业化。2016 年,首台(套)保险和科技保险分别为装备制造企业和科研机构、科技型自主创新企业提供风险保障 486.62 亿元和 1.03 万亿元,同比大幅增长 196.72% 和 631.25%。五是通过提供小微企业信用保险、贷款保证保险、支农支小融资业务等服务,切实解决其"融资难、融资贵"难题。2016 年,小额贷款保证保险累计为 8.91 万家小微企业获得融资 315.90 亿元。

5. 保险资金助力改善融资结构,维护金融安全稳定

保险资金运用秉承长期投资、价值投资、稳健投资的理念,尤其是跨周期、逆周期特点,可以充分发挥优化金融资源配置、提高金融

市场运行效率的作用,是现代金融体系的重要支柱和金融安全稳定的重要维护者。在发达国家,保险业占据着与商业银行、资本市场并驾齐驱的重要地位,保险占其金融资产的比重约 30%,甚至有独占鳌头的发展趋势。

第一,在资金供应方面,保险业是金融市场最主要的长期资金持有者,与其他金融部门短期性、流动性资金形成互补,有助于形成多层次、多支柱的现代金融体系。截至 2017 年 9 月末,保险资金的投资分布为:一是银行存款超过 2.16 万亿元,多为长期协议存款和定期存款,成为商业银行中长期贷款的重要资金来源;二是投资各类债权和股票合计超过 6 万亿元,包括国债、金融债、企业债等;三是通过股权、债权、基金等方式对实体经济项目提供直接融资超过 5 万亿元;四是通过回购、拆借等方式对金融市场提供流动性支持,保险资金买入返售金融资产和拆借资金合计达到 0.45 万亿元。保险业全面、深入介入金融资源的配置过程,为我国金融运行提供不可或缺的稳定因素。

第二,在资产定价方面,保险资金追求资产负债匹配和合理回报,成本相对稳定,投资期限相对较长,有利于资产价格的稳定,尤其是在经济周期变化的情况下,能够起到"雪中送炭"的作用,熨平资产价格波动。

第三,在市场结构方面,保险业是资本市场最重要的机构投资者,真正拥有长期资金,并以稳健为其发展先决条件。秉承长期投资、价值投资、稳健投资的投资理念,投资更注重长期收益,可以穿透经济周期、抵御通货膨胀,有利于改善金融资源"错配"问题,降低金融系统风险,对金融市场具有重要的稳定作用。从国际经验来看,保险业也是国际资本市场的重要资产管理者。保险机构作为机构投资者,有利于改善投资者结构,改善投资和信贷环境,更好地推动资本市场的完善。

第四,保险资金有利于我国"经济去杠杆"的顺利推进。根据国际金融协会数据,2016 年底,我国政府、家庭和非金融企业整体债务占 GDP 比重约为 260%。尽管与发达国家相比仍处在中游水平,但是过去几年,杠杆率攀升速度过快引发关注。杠杆率高企的关键在于我国金融市场发展的滞后,尤其是长期资金的匮乏。主要体现在:一是金融体系期限结构不合理,缺乏长期金融产品;二是资本市场发展不完善,缺乏有效的股权融资渠道,截至 2017 年 6 月底,我国非金融企业股票融资占社会融资规模仅为 4.21%。因此,当经济下行时,企业只能过度依赖中短期债权融资,还款压力大,无法进行合理有效的资本运营。同时,债权融资更偏好于国企和大型企业,推升了国企的杠杆率,尤其是有地方政府担保的国企,加大了系统性风险。保险资金追求长期、稳定,客观上要求金融体系中具有对应的长期、收益稳定的投资产品。推进保险资金运用的市场化改革,有利于从资金领域的供给侧进行改革,以供给带动债券市场、股票市场产品结构的完善,推进"经济去杠杆"。

三、保险资金运用坚持深化改革、强化监管,积极应对系统性风险

1.30 多年来,保险资金运用始终坚持市场化改革

(1)1980—2003 年:萌芽阶段

1980 年中国人民保险公司的复业,启动了我国保险业的艰难探

索。萌芽阶段,保险资金运用"摸着石头过河",实现了保险业从无到有、从小到大、从区域到全国的突破,主要表现在:一是经营主体多元化。随着我国保险市场准入机制的不断完善,新市场主体得以培育,国有、非国有、外资保险公司相继产生。从 1980 年仅有中国人民保险公司一家机构,到 2002 年增加至 160 家,激发了市场活力。二是保险市场逐渐壮大,保费收入从 1980 年的 46 亿元增长至 2002 年的 3053 亿元,2002 年保险业总资产规模占 GDP 比重达到 5.19%。

与此同时,我国保险业历经了发展中的曲折起伏,出现了一些阶段性的风险事件,主要体现在:

一是行业整体仍处在"被动化、分散化、部门化"的阶段。保险资金运用并未形成资产负债匹配管理以及风险管理的理念,投资权限分散于各个经营主体内部甚至是各个层级的分支机构中,缺乏独立性与统一性,严重影响保险资金运用效率。1986 年,中国人民保险公司的资金运用率仅 9.23%,投资收益率仅 0.83%。

二是市场机构不成熟、投资决策机制不健全,操作风险比较突出。1995 年以前,金融业尚处混业经营阶段,保险资金运用缺乏明确法律规范,投资范围几乎涉及所有的投资领域和金融产品。保险资金运用出现了阶段性的混乱无序,大量涉足信贷、房地产、期货和实业,不良资产增加,产生了较大的系统性风险。为防止再度发生前一阶段的无序投资,保险资金运用被严格限制在银行存款、政府债券、金融债券和国务院规定的其他投资渠道范围内。但 1995 年开始,我国先后 8 次下调利率,1 年期存款年利率从 10.98%下降到 2002 年的 1.98%,保险投资收益率骤然缩水,再加上早期保险公司在高利率的宏观环境预期下发行了大量高预定利率的寿险产品,多

家保险公司出现了严重的利差损风险,重创了行业发展。1999 年,
投资连结保险这一国际先进险种被引入到中国寿险市场,但其投资
回报率被片面放大而高风险未得到充分重视,2001 年下半年开始的
资本市场持续低迷导致投连险产品出现大幅亏损,让保险业行业形
象受到极大冲击。

与此同时,保险监管也在不断试水、逐步完善。在发展初期,保险
监管聚焦于市场主体培育和机制体制建设,监管手段以行政性监管为
主。以 1995 年《保险法》的颁布和 1998 年中国保监会成立为标志,我
国进入分业监管阶段,保险资金运用的法律法规逐步完善,推动保险
资金运用走上规范化轨道。监管重点在于规范保险活动、保护当事人
合法权益、促进保险业健康发展,监管方式从行为监管开始转向行为
监管与偿付能力监管并重。考虑到保险市场尚处在发展初期,市场主
体的投资行为简单粗放,未建立起专业化、科学化的现代投资理念,加之
此阶段资金安全风险比较突出,对于保险资金运用限制较多,到 2002 年,
仅允许投资于银行存款、国债、金融债券以及基金(见图 5.6)。

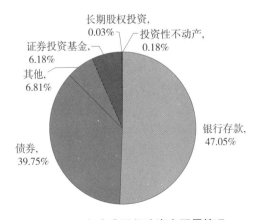

长期股权投资,
0.03%
　　投资性不动产,
　　0.18%
证券投资基金,
6.18%
其他,
6.81%
银行存款,
47.05%
债券,
39.75%

图 5.6　2004 年末我国保险资金配置情况

(数据来源:中国保监会)

阶段总结:该阶段的保险资金运用简单粗放,操作风险突出,行业逐步探索出市场化、集约化、专业化发展之路。

(2)2003—2012年:起步阶段

2003年,中国人保资产管理股份有限公司和中国人寿资产管理有限公司先后成立,标志着我国保险资产管理行业的正式诞生,也意味着我国保险资金开始进入"独立化、集中化、机构化"的起步阶段,保险资金运用取得了重大发展成就,主要体现在:

一是保险资产管理行业开始集中化、专业化。各家保险公司陆续将其分支机构和地方分公司的资金集中于公司总部,实行集中管理、统一调度、统一划拨、统一运作以实现集中化管理。同时,建立起保险公司委托保险资产管理公司投资、自主投资相结合的专业化投资运作机制,2003年至2012年,15家具有一定规模的保险公司相继成立旗下的资产管理公司,形成保险资产管理行业新格局。通过集中化与专业化管理,有效降低了操作风险,切实发挥了保险机构在资源、技术和人才等方面的规模效应,提升了资金运用效率。

二是资产规模迅速增加,行业地位不断提高。2003年至2012年,保费收入从3880亿元提高到1.55万亿元,保险业资产规模从9123亿元迅速提高到7.35万亿元,保险资金运用余额从8739亿元提高到6.85万亿元,大大提升了保险资产管理行业在金融体系中的行业地位。

三是法律法规逐步完善,资金运用渠道逐步放开。过去,为了严防风险,加强保险资金投资渠道的管制,一定程度上遏制了投资乱象,但也客观上导致保险机构自主发展动力不足,竞争力较弱,投资率偏低。随着我国金融市场的快速发展,保险资金运用能力不足的矛盾日益凸显。基于此,保监会开始调整监管方式方法,积极探索保险资金运用的规范化、市场化改革(见图 5.7)。

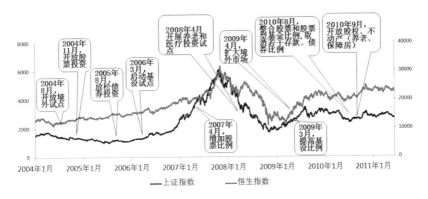

图 5.7　2003—2011 年我国保险资金运用监管政策变化情况

(数据来源:中国保监会)

　　2006 年《国务院关于保险业改革发展的若干意见》正式颁布,在提高保险资金运用水平,支持国民经济建设的指导思想下,保险资金运用在多方面实现了政策突破。2006 年保险资金先后被允许投资国家级重点基础设施项目和未上市商业银行股权。2007 年保险资金开始可以投资境外货币市场产品、固定收益产品和权益类产品。2009 年新修订的《保险法》大幅放宽保险资金投资渠道,标志着保险资金运用及监管进入一个相对成熟的阶段。其后,2010 年中国保监会相继颁布《保险资金运用管理暂行办法》《保险资金投资股权暂行办法》和《保险资金投资不动产暂行办法》,不动产、未上市股权等投资领域向保险资金放开,保险资金运用渠道和产品逐渐多元化(见图 5.8)。

　　经过这一阶段发展,行业确立了资产配置多元化、资产管理专业化、资金运作集约化的重要格局。但是保险业的快速增长与资金运

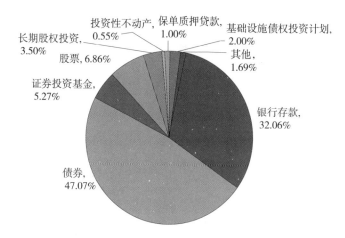

图5.8 2011年我国保险资金配置情况

（数据来源：中国保监会）

用渠道狭窄之间的矛盾日益突出，资金运用结构不尽合理。主要体现在：长期投资工具缺乏，投资行为短期化，资产负债久期错配问题显著；资金大量配置于国债和银行存款，受利率影响较大，投资收益率偏低（见图5.9）。保险资金运用的发展水平较为滞后，行业面临着较为严峻的市场风险，不仅无法充分发挥保险资金对实体经济的支持作用，更直接影响到保险机构的偿付能力和经营稳定。

阶段总结：该阶段的保险资金运用投资渠道单一、资产收益难以有效覆盖负债成本，市场风险突出。

（3）2012—2016年：市场化改革阶段

2012年以来，我国保险业发展面临着国内外、行业内外的多重困难和严峻挑战，但保险资金运用在坚持市场化改革的导向下，不断推进体制机制创新，迎来了重要的发展机遇期。主要体现在以下方面：

一是行业规模持续壮大，资金运用活力不断增强。以"新国十

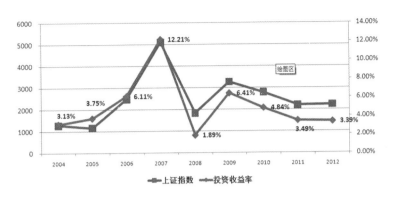

图 5.9　2004—2012 年我国保险资金投资收益情况

（数据来源：中国保监会）

条"和"十三条新政"发布为标志,保险业从增长速度、业务创新、结构调整等方面发生了重大变化。2012 年至 2016 年,保费收入从 1.55 万亿元提高到 3.1 万亿元,保险业资产规模从 7.35 万亿元迅速提高到 15.12 万亿元,保险资金运用余额 6.85 万亿元提高到 13.39 万亿元(见图 5.10)。投资品类不断放宽,从信托、券商资管、银行理财、资产证券化,再到境外投资、优先股、对冲工具和金融衍生品,资产配置的空间和弹性不断扩大,保险资金多元化配置格局逐步形成(见图 5.11)。2014 年开始,保监会实施大类资产比例监管,取消具体品种投资总量的比例限制,实现投资自主、风险自担,提高了投资自主性与灵活度,有利于保险投资结构的稳定和优化,投资收益稳定性也显著提高。

　　二是保险资金运用的风险管理与资产负债管理能力加强。保险监管在"放开前端"的同时,夯实"管住后端"的监管基础。一方面,保监会大力推进以风险为导向的偿付能力监管制度建设,推进行业全面识别、科学计量和有效防范风险,强化了偿付能力监管对公司经

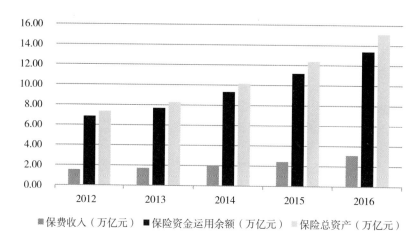

图 5.10 2012—1016 年保费收入、险资运用余额及保险总资产变化情况

（数据来源：中国保监会）

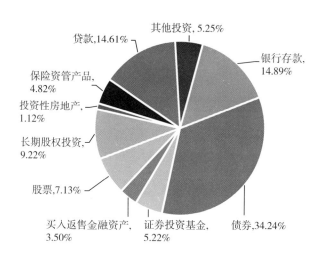

图 5.11 2017 年 6 月底我国保险资金配置情况

（数据来源：中国保监会）

营的刚性约束,督促保险公司在追求规模、速度和收益等发展指标的同时,平衡考虑风险和资本成本,推动公司转变粗放的发展方式,鼓励稳健发展。另一方面,保监会开始启动资产负债匹配管理监管,推动保险机构资产负债管理从独立型向联动型管理转变,不再是简单地追求投资收益率,而是更加注重资产负债匹配,更加注重资产管理业务对负债业务的支持。例如通过资产管理业务支持保险产品开发,通过资产管理业务进入健康、医疗产业,支持保险服务。

三是保险资管与银行、信托、券商等大资管行业的金融融合加深。一方面,伴随着保险资金运用渠道的放开,保险资管在权益、固收、资管等多个领域与银行、信托、券商等金融同业的合作与竞争加深。一方面,保险资金管理由单一化管理向市场化委托管理转变,即保险资金不再局限于集中向内部关联的保险资产管理公司委托进行管理,而是既在集团内部打造多个资产管理和投资的专业化平台,实现内部委托的多元化和竞争化,又逐渐将部分资金通过市场化的方式委托给第三方资产管理机构进行管理。保险资产管理公司也开始接收第三方资金委托进行市场化、专业化的管理运营。

在这一快速发展阶段中,保险行业出现了一些新的风险点。突出表现在部分保险公司的公司治理虽形式上满足了合规要求,但理性约束尚未形成、内在理念尚未养成,并未发挥实质上的约束作用,从而导致了一些股东虚假出资、内部人控制、不正当关联交易的情况发生,容易滋生一系列风险。尤其是在利率环境复杂、资产配置难度大的背景下,少数保险公司发展模式激进,从负债优先向资产优先转变,出现了非理性举牌、权益投资快进快出等现象,"短钱长配"下存在较大的流动性风险隐患。此外,行业整体偿付能力保持充足,但个体分化明显,偿付能力下降和处于关注区域的公司数量有所增加,局部风险增大,风险点增多。一些保险机构盲目跨领域跨市场并购,个别保险资管产品多层嵌套,极易产生风险交叉传递。

阶段总结:该阶段的保险资金运用行业稳健发展、风险总体可控,但重点机构、重点领域风险上升,公司治理风险突出。

(4)2017年以来:全面整顿阶段

面对新问题新风险,2017年以来,保监会坚持从严从实监管,陆续印发"1+4"系列文件,分别从治乱象、防风险、补短板和服务实体经济等四个方面进行总体部署,标志着我国保险业进入了全面管控治理阶段。这一时期,保监会深入贯彻落实全国金融工作会议精神,坚持"保险业姓保",使保险成为经济"减震器"和社会"稳定器",不忘初心、回归本源、做强主业,切实防控风险。主要体现在:

一是加强风险防范。行业所面临的重点风险包括流动性、资金运用、战略、新型保险业务、外部传递性、群体性事件、底数不清、资本不实、声誉等九大风险,有的是行业长期存在的传统和常规风险,有的是近几年快速累积、集中显现并对行业产生较大威胁的风险。对于各风险,分门别类予以应对,积极稳妥进行处置。在深入剖析风险产生原因的基础上,完善涵盖风险识别预警、监测计量、控制化解的全方位风险监管体系。此外,明确风险重点领域和环节,把保险公司的主体责任、监管部门的监管责任、保监局的区域责任压实压紧,并积极加强与其他监管部门的沟通协调,共同打造风险防控大格局。

二是从严整治公司治理、虚假资本、资金乱用等乱象。重点检查资金运用比例合规、产品嵌套和杠杆投资、关联交易、重大股票投资和不动产投资、海外投资等情况,坚决遏制违法违规投资和激进投资行为。

三是抓紧补齐监管与行业短板。监管方面,堵住制度漏洞、加强监管协调、改进监管方法手段、强化严格执法、提高监管能力,让监管真正"长上牙齿"。行业方面,坚持"保险姓保",回归保障本源、将风险管理与资产负债管理能力与资本要求、业务开展、资金运用等相关联,力促行业主动提升风险管理与资产负债管理质量。

四是加强服务实体经济。保监会先后发布《关于保险业服务"一带一路"建设的指导意见》《关于保险资金投资政府和社会资本合作项目有关事项的通知》和《关于保险业支持实体经济发展的指导意见》等,引导保险资金投资国家重大建设。针对我国保险业在支持实体经济方面所存在的不足,着重从产品创新、资金投向、服务机制等予以引导。产品方面,推进行业以提高实体经济发展的风险保障能力为导向,积极开展地方特色农产品保险、企财险、工程险、责任险等产品创新。资金投向方面,鼓励支持险资参与医疗、健康、养老等产业投资,参与"一带一路"、京津冀协同发展、长江经济带、军民融合、雄安新区、中国制造 2025 等国家发展战略重大工程。服务机制方面,大力支持保险机构参与 PPP 项目,发起设立重点产业发展基金等。

经过近半年的大力整治,部分公司的突出风险得到有效遏制,保险资金运用逐步回归本源,服务实体经济的意识和能力得到进一步提升:

一是积极参与供给侧结构性改革,加大支持国家战略力度。截至 2017 年 9 月末,累计发起设立债权投资计划和股权投资计划 760 项,合计备案(注册)规模 1.91 万亿元。保险资金通过债权计划、股权计划等方式,直接投资国家重大基础设施建设、养老社区和棚户区改造等民生工程,累计金额超过 4 万亿元。其中,保险资金投资"一带一路"7721 亿元,投资绿色金融 6167 亿元,投资长江经济带 2986

亿元,投资棚户区改造 1271 亿元,投资京津冀协同发展 1224 亿元。

二是全面构筑社会风险保障网,助推脱贫攻坚和民生改善。2017 年 1—5 月,保险业累计赔付支出 4900 亿元,同比增长 10.06%,提供风险保障 2550 万亿元。以地震保险为突破口,推动巨灾保险制度,目前承保标的 19.80 万个,保险金额 188.75 亿元。大力发展农业保险,1—5 月份,农业保险赔款支出 86.30 亿元,同比增长 39.61%。扩大大病保险保障人群,截至 5 月份,大病保险业务覆盖人群达 10.1 亿人,大病保险业务累计支付赔款 300.9 亿元。稳步推进保险资金支农支小融资业务创新。截至 2016 年末,已服务"三农"和小微企业客户 5.6 万户,覆盖 27 个省市。

三是发挥金融市场的稳定器和压舱石作用,积极维护金融市场安全稳定。2017 年上半年,保险资金股票投资保持净买入状态,净买入合计 142.93 亿元。截至 2017 年 5 月末,保险机构债券投资余额 4.83 万亿元,占保险资金运用余额的 33.92%,较年初增长 12.23%。参与部级联席会议,控制保险资金进入房地产领域,严禁保险资金投资不动产项目时违规进入商业住宅。规范保险机构内保外贷业务。

阶段总结:该阶段的保险资金运用在监管部门正确引导、市场主体积极落实的努力下,守住了不发生系统性区域性风险底线,在支持国家重大战略、服务供给侧结构性改革、推进经济提质增效转型升级等方面发挥了重要作用,在合理分享经济社会发展成果的同时,行业也逐步探索出一条适合保险业和保险资金特色的发展之路。具体如下:

一是树立稳健审慎的投资理念,强化保险机构资产负债匹配管理。保险资金最注重安全,树立稳健审慎的投资文化是保险资金运用的应有之义,也是保险资金运用安身立命之所在。保险资金运用要把握好三个原则:投资标的应当以固定收益类产品为主、股权等非固定收益类产品为辅;股权投资应当以财务投资为主、战略投资为辅;即使进行战略投资,也应当以参股为主。

二是坚持服务主业。首先,要明确定位,"保险业姓保"是保险业区别于其他金融行业的本质属性,是行业价值灵魂所在。保险资金运用也姓保,规范保险资金运用必须始终坚持服务保险主业的根本方向。其次,要正确处理保险的保障功能和投资功能的关系,保障是根本功能,投资是辅助功能、衍生功能,是为了更好地保障,不能本末倒置。保险公司的核心竞争力在风险管理和风险保障,指望保险公司的投资能力一定超过其他投资机构和资管机构,或是将保险公司的生存发展完全押宝于投资,既"扬短避长",也不现实。最后,保险公司不是银行,不是投行,也不是融资平台,不能把它当作一般的投资工具,甚至是投机工具;更不能成为扰乱金融市场、侵犯金融消费者利益的反面教材。

三是坚持长期投资、价值投资、多元化投资。保险资金是长期资金、是负债资金,其追求安全、稳定的特性,决定了保险资金运用必须坚持长期投资、价值投资和多元化分散投资。在我国,保险资金运用要遵循四个行为准则:要做长期资金的提供者,不做短期资金的炒作者;要做市场价值的发现者,不做市场价格的操控者;要做善意的投资者,不做敌意的收购者;要做多元化、多层次资产配置的风险管理者,不做集中投资、单一投资、激进投资的风险制造者。

四是坚持资产负债匹配管理。资产负债匹配管理是保险公司稳健经营的重要基础,是风险管理的核心内容。与银行业相比,保险资产负债管理更为复杂,需要考虑利率风险、流动性风险、市场风险、信用风险、声誉风险等多维立体因素。理论上,错配可以带来一定的风险收益,但是这有个"度",要在适度中寻求最优,过度错配就如同超速行车和违章驾驶,风险概率马上提升,就会给公司经营带来极大的风险隐患,甚至是倒闭或破产。在我国当前形势下,做好保险资产负债匹配管理尤为重要,全行业要从认识上、机制上、技术上把资产负债管理放在更加突出的位置。

五是坚持制度先行、能力先行。保险业作为经营风险的特殊行业,尤其要把风险防控放在首要位置。完善的制度规则,是防控风险的前提条件,出色的能力建设,是防控风险的根本保障。一方面,要持续加强机构自身制度、规则建设。真正做到用制度、用规则来管人、管事、管投资、管风险,从体制机制上做好风险防范工作。针对保险资金运用的关键领域、关键业务、关键岗位,完善制度建设、健全管控机制,并建立制度效果测评和动态调整机制,确保制度有效运行、职责落实到人、责任追究到位。另一方面,要在人才储备、投资研究、数据积累、风险管理、计量模型应用等方面加大投入和建设,在投资能力和风险管控能力方面打造自身核心竞争力。

六是持续深化改革。保险资金运用的探索和实践告诉我们,必须持续深化保险资金运用市场化改革,拓展投资领域,着力提升和改进监管,把更多选择空间和选择权交给市场主体,切实发挥市场在资源配置中的决定性作用。进一步支持稳健审慎、投资能力强的保险机构拓展资金运用范围。研究探索保险资金投资黄金及相关金融产品,运用股指期货、国债期货、利率互换等更多金融衍生产品来对冲和管理风险;积极助推保险资金服务供给侧结构性改革,支持保险资金参与市场化债转股、去杠杆、去产能、补短板等工作;进一步调整完善保险资产管理公司准入门槛,建立适当激励机制,提升保险资产管理机构的活力和市场竞争力。加快推进保险资产交易平台建设,提升资产流动性。

2. 当前,保险资金运用面临复杂多变的国内外经济金融形势

(1)从国际形势看,政治经济不确定性增多

2016年以来,英国脱欧、特朗普上台、逆全球化趋势、亚洲地缘政治风险等都预示着世界经济政治社会的不确定性加大。

特朗普就职演讲强调未来政策方向将以美国为先并通过减税和再工业化让制造业回流美国。美国经济基本面复苏并率先开启加息周期,民众对特朗普预期偏正面,2016年美元指数走强,人民币兑美元大幅贬值。4季度,随着"特朗普交易"的持续发酵,美国债市收益率大幅上行,中美10年期国债利差收窄至50bp,导致我国资本大量外流,央行被迫"缩表",对货币政策、汇率政策造成压力。

同年,英国宣布脱欧。短期来看,外汇市场出现震荡、英镑贬值,但由于存在超调因素,恢复之后英镑兑人民币一路升值。长期来看,脱欧将使英国和欧盟经济互损,对我国的贸易出口、中国和欧盟贸易自由化进程带来阻力,不利于我国经济增长。

2017年全球主要经济已较2015年和2016年有所改善,贸易复苏,各国资本性支出加速上行且通胀有所反弹。随着全球经济和基本面的改善,各国央行的货币政策陆续发生转向。2017年以来美国2次加息和10月以来的缩表,标志着美国已率先退出自2008年金

融危机以来的量化宽松货币政策(QE)。11 月,英国央行宣布加息25 个基点,将基准利率从 0.25%提高至 0.5%以应对通胀目标,英国和欧盟脱欧谈判的最终结果也将持续影响英国央行后续的货币政策执行。欧元区经济全面复苏,经济重回 2009 年水平潜在空间较大,也为欧洲央行陆续退出 QE 提供了前提条件。由于欧洲地区政治风险仍有抬头可能而美国税改和加息进程尚未被市场充分预期,预计各国货币兑美元未来一段时间可能存在下行的不确定性。

一方面,全球经济和贸易的复苏为我国的经济发展和投资带来机遇;而另一方面当前以美国为首的发达经济体货币政策将使我国的货币政策、汇率政策面临压力。被动的货币政策有可能导致债券收益率进一步上行、人民币升值,从而致使国内的经济增长存在一定的不确定性。

(2)从国内环境看,经济降转稳,发展依然承压

在全球宏观环境变化、市场波动剧烈的不利形势下,党中央确定坚持稳中求进的工作总基调,经济运行稳中向好,金融机构整体稳健。2017 年国内经济形势所表现出来的韧性屡次打破前期并不乐观的市场预期。经济表现与预期的背离,引发了市场的"供给/需求"之争、"朱格拉周期"之争,其中也隐含了当前和未来经济形势的不确定性。从基本面来看,2017 年前 3 季度,固定资产和基础设施投资实际增速均有所下降、地产销售减缓、人民币贬值和环保限产等因素影响制约了出口和工业下游投资增速,以政府和个人为代表的社会融资和M$_2$增速均有所下降。预计 2018 年基础设施投资将陆续退出,地产销售因棚改货币化的减速可能进一步拖累经济增长,而社会融资增速也会因居民贷款意愿(房贷、车贷、消费贷)的下降而进

一步回落。

从消费来看,中国经济发生的最大变化,就是劳动力供给的下降,来自于两个方面,一个是新增年轻人口数,从过去每年新增1000多万变成负增长,另一个是城市化率突破50%以后,城市化率推进的速度放缓,从农业转移出来的人口从1000多万降到600万。每年新增的有效人口只有几百万,因此住房、汽车基本上都进入了存量置换时代,同时随着一、二线城市地产销售的限产限购政策,房价暴涨难以再现,2018年车辆购置税改革(从7.5%上调至10%),都会对消费造成拖累,这也意味着经济潜在增速的显著下滑。

但长期来看,随着人口红利拐点已过,代表工业化时代的地产和汽车需求回落,而新兴增长点贡献有限,经济增长将沿着"L"型走势,继续回落。从工业进程发展阶段来看,中国将逐步步入后工业化时代,汽车、家电、医药、信息技术等新兴行业将蓬勃发展,但上游的钢铁、化工等重化工业对经济影响的重要性下降,增速将持续放缓,投资增速亦将下降至一个新的平台。国内经济发展的不确定性将传导至市场利率从而对保险资金产生较大影响。

(3)从金融市场看,情绪依旧脆弱,流动性稳中趋紧

资金面方面,2017年超储处于历史低位,6月份超储率仅为1.4%,整体资金偏紧。截至2017年10月份,DR007和R007的利差较年初上行75个bp,R007和DR007分别较年初上行111bp和36bp,DR007的中枢基本稳定在2.8%—2.9%左右。考虑到国内通货膨胀预期有所上升,海外各主要经济体货币政策边际收紧,央行也将继续盯住DR007的目标,保持中性偏紧的货币政策,短端利率难下。保险机构作为金融市场短期资金的主要融入方,未来一段时间

融资加杠杆也会受到一定制约。

利率债方面,2017 年以来 10 年期国债收益率持续突破前期高点,市场整体收益率曲线震荡上行。11 月 13 日,10 年期国债收益率突破 4%。党的十九大的召开和前 3 季度经济基本面的回暖一定程度上利空债市,10 月份尽管各经济指标有一定回落,但债市无视利好、延续下跌。基金公司出于止损考虑抛售利率债,而利率债的主要配置机构如银行、保险公司等,受制于信贷、资产配置计划、万能险保费收入大幅下滑等原因,配置长期利率债意愿不强,又进一步推高收益率。债券收益率是否会继续上行? 10 年期国债 4%时代能够持续多久? 形势并不明朗的利率走势将对保险资金运用的配置策略和收益情况带来较大的不确定性。

信用债方面,一方面其收益率曲线受利率债影响,另一方面随着企业滚动发行的压力不断加剧、金融行业的强监管和企业去杠杆的目标,信用债尤其是低评级信用债的违约风险不容忽视。当前保险资金为获取高收益而采用的延长久期和信用下沉的投资策略在未来一段时间亦可能面临信用事件爆发的压力。

汇率方面,2017 年以来人民币 CEFTS 指数在 95 附近波动,10 月份美元兑人民币中间价 6.6397,较年初下降 29bp,人民币兑美元汇率有所调升。未来一段时间,考虑到美国的企业税税改、加息、缩表等利好美国经济,美国国债收益率可能进一步推高,若央行不跟随加息,则中美利差对于汇率的保护有可能减弱。

货币政策方面,央行行长周小川表示,中国将继续实行积极的财政政策和稳健的货币政策,并不断综合施策,补短板、去杠杆,警惕并防控影子银行和房地产市场泡沫等风险。尽管目前超储率处于低位、利率期限利差有所缩窄,但世界主要经济体已退出 QE 并陆续加息和缩表,而国内居民和企业杠杆率高企、地产泡沫的"灰犀牛效应"不断累加。在此大背景下,货币政策不具备大幅放水空间。央行仍将继续维持"削峰填谷"的总体策略,不会"大水漫灌",转而使用 63 天逆回购等新兴货币政策工具引导短期市场利率,并继续推行普惠金融、绿色金融等定向降准政策,总体来看货币政策依然中性。

(4)从监管导向看,金融严监管和去杠杆将是常态

2017 年金融工作会议提出,金融工作要围绕服务实体经济、防控金融风险、深化金融改革三项任务。提出要把主动防范化解系统性金融风险放在更加重要的位置。习近平总书记指出"金融业要回归本源,服从服务于经济社会发展;金融业应强化监管,提高防范化解金融风险能力"。为贯彻总书记讲话精神,保监会副主席陈文辉亦指出"保险监管系统要切实坚持'保险业姓保、保监会姓监',全力抓好 1+4 系列文件的落实,坚决守住不发生系统性风险底线,整治保险市场乱象,补齐监管和行业短板,筑牢保险业稳定健康发展的根基"。金融工作会议定调加强金融监管协调,政治局会议表态整治金融乱象,央行表态继续实施稳健中性的货币政策,银监会表态有计划、分步骤,深入整治乱搞同业、乱加杠杆、乱做表外业务等市场乱象,都意味着金融行业已经进入强监管时代。

当前去杠杆取得一定效果。如银监会通气会指出 2017 年上半年银行同业业务收缩、理财增速降至个位数,M_2 增速持续降至个位数。但信托贷款、非标投资等仍明显高增,央行专栏阐述规范资管业务发展,银行业"三三四"专项治理的后续检查和问责仍在进行中,金融监管仍在推进。

2017 年 11 月 8 日,国务院金融稳定发展委员会正式成立,将从更高层面上统筹金融监管工作,解决当前金融行业混业经营分业监管的现实问题。随着金稳会正式成立,分业监管体制下各部门间的监管摩擦将会大大降低。金稳会未来的监管方向主要在于影子银行的监管、资产管理行业的监管、互联网金融的监管、金融控股公司的监管。从当前问题的情况来看,影子银行业务随着 2014 年 8 号文、127 号文以及 43 号文的相继出台,原有的非标债权热已经逐渐消退。而资管产品相互嵌套、投资权限无法统一、底层资产无法穿透的问题以及互联网金融监管职责归属问题对于当前的金融稳定将形成不利影响,将是监管的重要领域。

3. 新形势下,切实做好行业系统性风险识别和防范

全国金融工作会议指出:"防止发生系统性金融风险是金融工作的永恒主题。"保险业作为经营风险的特殊行业,风险管理是保险行业的立业之本和核心竞争力。我国保险业在金融业中规模偏小,总资产只有 16 万亿元,与其他金融业相比,吸收和化解风险的余地较小,防范和化解行业面临的系统性更加重要和迫切。

从行业内部风险来看:

(1) 资产负债错配风险

资产负债错配是指保险资金运用过程中,资产配置策略与负债属性的不匹配,一定程度的错配是正常的,但严重错配可能导致再投资风险、流动性风险等。近年来,保险资金运用由于被动的资本市场原因或主动的配置策略导致资产与错配的现象较为突出。

一方面,行业被动"长钱短投"。保险行业长期以来一直存在

"长钱短投"现象,资产期限(平均期限 5 年左右)短于负债期限(大部分保险负债平均期限 10 年以上),资产到期需要不断进行再投资。近年来,在外部监管引导和保险公司内部转型意识不断强化的趋势下,保险业务结构持续优化,长期、传统保障型业务占比提升,负债期限快速延长。而资本市场长期资产供应不足且以收益率较低的国债为主,限制保险机构长期资产配置。

2016 年一级市场发行债券合计 363677 亿元,超过 10 年期以上的国债、企业债等长期限债券共计 6635 亿元,占比不足 2%。其中,20 年以上(含)国债 8 只,发行 2403 亿元,占总体债券发行规模不足 1%;15 年以上企业/公司债 5 只,发行仅 90 亿元,占总体债券发行规模低至 0.02%。而 2017 年上半年,随着中央"三去一降"政策的推行,一级市场尚未发行 10 年以上企业债,10 年以上国债、金融债的发行规模甚至未及去年同类产品全年发行量的 50%,债券市场长期资产供给明显不足。由于长期资产品种单一、收益率低,保险资金仅配置少量比例在长期资产上,大部分配置在 10 年以内的中短期资产。在利率下行并可能长期维持较低水平的趋势下,当前配置中短期资产到期再投资时将极有可能面临更低的投资收益率,这就是再投资风险。

表 5.1　2016 年我国债券市场发行情况表

类别	发行只数	只数比重(%)	发行额(亿元)	面额比重(%)
国债	148	0.51	30665.80	8.43
其中:20Y+国债	8	0.03	2403.4	0.66
地方政府债	1159	4.02	60458.40	16.62
同业存单	16462	57.1	130211.30	35.8
金融债	1042	3.61	46277.00	12.72

续表

类别	发行只数	只数比重(%)	发行额(亿元)	面额比重(%)
企业债	498	1.73	5925.70	1.63
其中:15Y+企业债	5	0.02	90.00	0.02
公司债	2846	9.87	27807.92	7.65
中期票据	908	3.15	11448.10	3.15
短期融资券	2636	9.14	33675.85	9.26
定向工具	741	2.57	6035.15	1.66
国际机构债	5	0.02	130	0.04
政府支持机构债	14	0.05	1400.00	0.38
资产支持证券	2291	7.95	8755.35	2.41
可转债	11	0.04	212.52	0.06
可交换债	71	0.25	674.29	0.19
合计	28832	100	363677.38	100

(数据来源:Wind)

另一方面,个别公司主动"短钱长投"。与"长钱短投"相对应的,是近年来部分保险公司主动进行"短钱长投"错配策略,牺牲资产流动性获取较高的投资收益。由于资产的期限比保单期限长,存量保单到期后,只能依赖销售新保单产生的现金流入进行存量保单的给付。该业务模式缺少可持续性,尤其在当前监管引导保险行业回归保险的保障功能本质的大环境下,期限短、成本高的保险产品销售大幅下降,新销售保单的现金流不足以支付存量保单的到期给付,可能引发流动性风险。

"短钱长投"背后的动因既有承保端(负债)因素,也有投资端(资产)因素。承保端,中小保险公司为迅速抢占市场或快速获取现金流,销售承诺给客户更高利益的中短期保险产品(一般称为"中短存续期产品",以较强理财属性的万能险为主)。2016 年,人身险公司保户投资款新增交费(绝大多数为中短存续期产品的交费)占规模保费的34.2%。其中,近85%的保户投资款新增交费集中于15家公司,个别公司中短存续期产品占规模保费收入的90%以上。中短存续期产品因承诺给予客户较高利益,保险公司负债成本高,促使保险公司投资期限较长的非标产品,以牺牲流动性换取收益,带来负债期限短、资产期限长的"短钱长投"模式错配。投资端,2012年保监会下发《关于保险资金投资股权和不动产有关问题的通知》,标志着险资进入另类投资时代,高收益的另类投资对险资极具吸引力,逐渐形成资产驱动负债模式,保险公司通过中短存续期快速获取投资资金,把握投资机遇,形成"短钱长投"模式错配。因此,以"中短存续期保险产品+较长期限另类投资"为主的"短钱长投"有其特殊的市场背景,也在近两年满足了保险公司资金运用、客户理财等多方需求。但这种模式极度依赖保费现金流持续不断地流入,一旦存量中短存续期产品到期、新增保费现金流入不及时,"短钱长投"模式所依赖的资金持续募集条件被打破,极易导致流动性风险。

风险防范:

"长钱短投"形式的资产负债错配,作为行业普遍现象,更多是一种被动的错配,其引发的再投资风险具有显著的普遍性、必然性、长期性和系统性特征。由于保险资金配置以固定收益类资产为主,投资收益受市场利率影响较大。从长期趋势来看,利率进入低水平具有一定的必然性。2014年起,10年期国债从4.6%下降到2.7%,尽管2017年曾反弹至4.0%以上,但在我国经济发展进入新常态、人口红利快速消失的大因素下,利率持续反弹或长期维持高位的可能性比较低,之后仍将回落至较低水平,带动保险资金的投资收益整体下行。而当前我国人身保险业利润高度依赖投资收益,利润来源中,利差(投资收益超过负债成本的部分)占比超过了100%。因此,低利率对保险行业的影响是巨大的,在保险业高速发展和权益市场相对利好的环境中所掩盖的问题,将在低利率环境中凸显。此时的"长钱短投"面临未来利率下行或长期低利率环境的再投资风险具有必然性和长期性,对行业的影响广泛而深远。

"短钱长投"更多是部分保险公司的主动错配。一方面,该模式涉及的中短存续期产品保障功能少,更多是为股东快速提供现金流,不符合保险公司的经营本质。另一方面,相较于传统的保险公司,采用"短钱长投"模式的公司不仅更加依赖未来的投资收益率,并且高度依赖未来新保单的保费收入,而两者均具有较高的不确定性,因此这种经营模式不应成为保险公司长期策略。"短钱长投"不仅会带来保险公司自身的流动性风险,也不利于行业的健康稳定发展。

结合"短钱长投"模式下中短存续期产品的发展现状和主要风险,保监会进一步强化了对中短存续期产品的监管力度,于2016年发布《关于规范中短存续期产品有关事项的通知》,控制行业中短存续期产品规模,对超过规模限制的公司采取严厉的监管措施。该《通知》的发布,有效地给"短钱长投"踩了刹车,引导行业发展长期业务,进一步发展风险保障类产品。但从另一方面看,长期风险保障类产品将加剧"长钱短投"的现象,因此金融监管应鼓励发展资本市场的长期品种,并拓宽保险资金的投资范围和形式,满足保险资金配置长期资产的需求,缓解"长钱短投"的再投资风险。

（2）长寿风险

"长钱短投"和"短钱长投"是可能引发行业系统性风险的资产配置因素,而长寿风险则是可能引起系统性风险的负债端因素。随着人口红利拐点的出现,中国年轻人的数量开始下降,老年人数量增加,随着医疗技术的快速进步以及国民健康意识的提升,平均寿命持续延长,将对保险行业及保险资金运用产生较大影响。

对保险公司来讲,老龄化和预期寿命延长使得社会对养老保险的需求增加,提升养老险在整个保险行业中的占比,预期寿命延长也使得养老金领取时间延长。因此,老龄化和长寿趋势将带来保险公司总负债成本增加,在投资收益趋于下降的情况下,保险行业的利差损(收益不能满足负债成本要求而导致的亏损)风险增加。

由于保险产品定价的特殊性,预期寿命延长带来的负债成本增加不能及时反映在保险产品的定价中,导致负债成本可能被严重低估,主要有两方面原因。一方面,养老保险产品定价所使用的生命表对长寿风险的反映具有显著的滞后性。生命表主要是反映死亡率和预期寿命,修订需要严格的程序,通常需要很长时间。例如,2017新推出的保险产品,其定价依据是《中国人身保险业经验生命表(2010—2013)》,而该生命表所使用的经验数据已不能反映2017年的预期寿命。另一方面,对于养老保险产品,保单一旦售出,其价格不会调整,而保单的负债成本却随着预期寿命延长而增加。因此,保险产品在定价时,难以反映产品卖出时以及卖出以后的负债成本增加,而经济增速放缓带来保险公司投资收益的下滑,可能引发行业利差损风险。

另外,预期寿命延长带来的养老保险产品的负债期限会增加,又加剧前文提及的"长钱短投"现象,进一步放大潜在的再投资风险。

保险公司的负债成本通常可分为刚性成本和浮动成本。刚性成本指保险产品开发设计阶段确定的预定利率,包括传统险和分红险的定价利率、万能险的最低结算利率,是通过保险合同约定承诺给客户的利益,属于受法律约束的刚性兑付成本。浮动成本包括分红险的分红水平、万能险的实际结算利率、保险金的累积生息利息等,保险公司有权根据实际投资收益对这部分负债成本进行调节。浮动成本受市场利率中枢和客户预期影响而非法律约束,具有一定的弹性空间。

现阶段,国内保险行业的负债成本呈现以下几个特征:一是刚性成本绝对水平高。目前保险行业处于利率市场化的初期,监管放开保险产品预定利率2.5%的上限要求。各保险公司为提高产品竞争力,纷纷上调保险产品的预定利率,2016年多家公司推出预定利率超过4%的保险产品。二是刚性成本在整个负债成本中的比重较高。传统险的负债成本全部由刚性成本构成。分红、万能险在分红水平、实际结算利率水平保持稳定的情况下,预定利率上限放开也抬升了这两类产品负债成本中的刚性成本比重。以分红险为例,大公司的分红水平通常保持在4%—4.5%之间,若预定利率上升至3%,则刚性成本占总成本的比重为66%—75%。三是浮动负债成本也具有一定的刚性。银行作为保险销售的重要渠道,曾为保险业的快速发展做出了重要贡献,但大量保险产品经由银保渠道销售导致公众误将保险产品作为理财产品,单纯以收益水平(而非保障功能)衡量保险产品。因此保险公司调整浮动负债成本的空间受制于银行定存及理财产品的收益率水平。市场利率上升时,保险公司为提升保险产品相对银行理财产品的吸引力,上调给客户的预期收益(即保险公司的浮动负债成本),而在市场利率水平下降时,为避免客户大规模退保和投诉,保险公司会保持客户收益的稳定性,延缓下调。

因此,对保险行业而言,当前负债成本较高,且负债成本的调整呈现易上难下、快上慢下的特征,而投资收益率却面临不断下滑的局面。近两年另类投资收益显著下降,10年期国债收益率一度跌至3%以下,2016年保险行业资金运用收益率5.66%,较2015年下行1.9个百分点。一旦市场利率长期维持较低水平,保险公司投资收益很容易低于当前的负债成本。保险业近几年在利率市场化、业务结构优化、预期寿命延长进程中销售的超长期高负债成本保单将不可避免面临利差损风险。

风险防范:

目前保险行业多数保险公司的盈利模式主要依赖于投资收益超出负债成本的部分,对保险资金运用形成过度压力。一方面在这样的压力之下保险资金运用被迫追逐高风险,例如增加股票等高风险资产占比、降低对固定收益类投资的信用等级标准,将造成保险资金损失的可能性和金额加大;另一方面在保险公司业务结构转型尚未完成且经营管理效率低下的情况下,难以通过合理的保险产品定价和经营费用的成本控制获取利润,因此,利差损风险将导致保险公司的全面亏损。1997—1999年是中国保险行业的高保证利率(负债成本)时代,中国人寿、平安人寿销售了大量负债成本高达9%的保单,之后市场利率走低,投资收益率无法覆盖负债成本,形成了巨额利差损,历经十余年尚未能弥补。因此,利差损风险关系到整个保险公司的经营持续性,将是行业最大的"灰犀牛"。

保监会下发《关于强化人身保险产品监管工作的通知》(保监寿险〔2016〕199号),要求当万能账户的实际投资收益率连续三个月小于实际结算利率且特别储备不能弥补其差额时,当月实际结算利率应当不高于最低保证利率与实际投资收益率的较大者,在一定程度上打破万能险负债成本的刚性。虽然该通知仅对万能险的负债成本进行了约束,但已释放出监管引导行业负债成本下行的信号。《通知》中所实行的负债成本跟随实际投资收益及时调整的机制,充分体现了保险公司经营中的资产负债匹配原则和保险产品定价的市场化原则,未来如逐步推广至其他保险产品,将成为控制行业利差损风险的有效手段。

(3)信用风险

为提升投资收益、抵御利率风险,提高另类投资配置比例、适当配置中低信用等级债券并拉长久期的投资策略,成为当前保险机构投资者的较优选择。而近年来,债券违约呈多发态势,因此,信用风险成为当前保险资金运用过程中面临的突出风险之一。

2014年第一只公募债券"11超日债"违约,打破中国债券市场长期维持的"刚性兑付"神话。2015年,信用风险事件呈增长态势。2016年,全年违约债券共78只,同比增长243%,涉及违约主体34个,其中不乏中煤、二重、中钢等大型央企,违约总金额近400亿元,同比增长220%。2017年前10个月,出现29只债券违约、涉及金额255亿元。短短三年时间,中国的债券投资者被从天堂直接打入凡间。

表 5.2　近年来我国债券违约情况表

年份	违约债券(只)	债券余额(亿元)
2014 年	6	13
2015 年	23	126
2016 年	78	393
2017 年前 10 月	29	255

(数据来源:Wind)

风险防范:

保险资金运用中信用债、非标固收占比高,信用风险敞口大,但另一方面,行业的信用风险管控能力相对薄弱,导致保险资金所面临的信用风险比银行业形势更为严峻,主要体现在以下几个方面:

一是外部评级对信用资质的区分度较低,内部评级机制尚不健全,难以对外部评级形成有效的检验和补充。在信用风险的事前防范环节,保险机构一般以信用级别作为债券入池标准。但由于国内市场在 2014 年以前几无违约事件发生,缺少违约经验数据,评级机构提供的评级质量得不到有效检验,等级虚高现象严重。尽管大部分保险公司坚持审慎原则,建立投资备选库,债券外部信用等级维持在 AAA 级或至少 AA+级方能进入投资备选库,但是由于外部评级区分度较低,近年来保险公司债券投资仍涉及较多的大额违约事件。2016 年,中国城市建设控股集团有限公司(中城建)发行的 11 中城建 MTN1、12 中城建 MTN1、12 中城建 MTN2 和 16 中城建 MTN001 等均发生违约,违约前主体和债项评级均为 AA+级,违约后主体外部评级下调为 C 级,包括中国人寿、太平洋、平安多家大型保险公司"踩雷"。而在另类投资方面,我国正处于去产能、去杠杆的过程中,企业盈利能力下滑,融资意愿不强,另类投资项目收益率下滑,基础设施项目违约风险增加,而另类资产的信用评级机制弱于公开市场债券。因此,仅通过外部评级,难以有效识别保险资金运用过程中的信用风险。

由于国内市场一直存在的刚兑现象,且保险资金处于快速增长的起飞阶段,保险机构的信用风险管理意识和投入都相对较低,目前行业内仅大中型保险公司或保险资产管理公司拥有强大的信用评级团队和健全的评级机制。

二是信用风险相关的经验数据欠缺,量化技术薄弱。在主要的债券机构投资者中,银行通过对公和零售业务积累了大量的企业和个人信贷违约数据,可运用至债券投资。但与银行相比,保险机构投资资产长期以来未经历违约事件,自身无经验数据积累,且无法对接人行征信系统获取相关信息。因此,在进行信用风险的量化分析时,保险机构缺少必要的数据支持,只能依赖国际评级机构在国外市场积累的违约数据,而这些数据并不适用于国内的经济环境和企业发展趋势,以此进行信用风险管控必然形成偏差。

从交易对手性质来看,传统观念认为,国有企业的违约风险低于民营企业,因此保险资金倾向投资于央企或地方国企。在中国企业经营状况出现整体恶化的背景下,民营企业总体上大幅缩减债务水平,符合经济下行期收缩经营规模的规律,但国企做出了截然相反的经营策略,在盈利能力恶化的同时继续增加负债规模。按照国际清算银行(BIS)提供的数据,当前我国企业杠杆率远高于美、日、德、印等主要经济体,而国企是高杠杆的主要贡献者。2016年债市违约数据显示,34家违约主体中地方国有企业6家,违约总额占比将近

40%,超过民营企业违约总额。违约处置经验数据也表明,国有企业违约后损失率高过民营企业。总体而言,尽管民营企业违约事件多,但单个债券的金额相对较小且违约后资产收回比例高,社会影响较低,不容忽视的反而是过剩产能行业的央企、国企的违约风险。如果国企长期享有的政府信用隐性担保被大幅削弱,可能会导致金融市场对国企信用风险广泛而深刻地重新定价。而保险行业很少使用违约率、违约损失率等量化参数进行信用风险评估,即使使用也是基于国外评级机构的数据,未必适合中国国情。因此在保险行业对中国市场违约率、违约损失率等数据进行量化分析的意识和能力都相对薄弱的情况下,其面临的信用风险更值得高度重视。

三是信用风险处置过程中信息和资源的获取均处于相对弱势。2017 年万达相关评级负面事件表明,保险机构在处理另类投资信用风险事件方面与银行相比有明显差距。2017 年 7 月 4 日,万达电影发布停牌公告称,拟筹划重大事项,7 月 17 日标普则将大连万达商业地产股份有限公司列入负面观察名单,评级为 BBB-。而早在 6 月,农行、建行等已经就万达事件进行了事前处理,并提出对于万达集团的海外项目报备、外汇、贷款等方面不再支持,然而截至目前部分险资仍继续持有大规模的万达非标项目,并且仅能对万达的项目进行事后的风险跟踪和被动管控。尽管万达最终未发生违约事件,但该事件表明,在信用风险的事后处置环节,目前国内债券投资者保护制度明显不足,导致投资者在持有的债券违约后求偿的过程中非常被动。

债券市场事关金融资源合理配置、经济健康发展和金融体系稳定等重大国家利益。在保险行业内部加大信用债和非标债权投资力度而市场信用风险抬升的环境下,信用评级泡沫和违约数据缺乏会进一步增加保险资金长期信用风险识别和管控的难度,可能诱发系统性信用风险。随着债券违约事件的不断出现,市场投资者对于研判信用风险的真实需求日益凸显。完善信用评级的市场化机制,让评级机构成为真正承担债券市场"看门人"的角色,是有效防范信用风险的第一步。

近年来,保监会陆续出台监管文件,要求保险机构建立内部信用评级机制。2016年正式实施的以风险为导向的偿付能力监管体系也要求保险公司建立内评机制,运用违约率、违约损失率参数对信用风险进行量化管控。但仍然需要整个大金融监管机构建立资源信息数据共享机制,支持保险行业进行信用风险防范、管控和处置。

(4)流动性风险

保险行业经营模式是与银行业高度类似的高负债经营模式,资产负债率通常在90%左右,其负债主要是用于支付客户未来生老病死费用需求的准备金。通过大数法则,保险公司可以计算出预期的养老金、死亡保险金、医疗费用等赔付支出的发生时间和金额。在通常情况下,保险公司通过合理的资产配置,实现资产票息和到期现金流入与负债现金流出之间良好的匹配关系。但在极端情况下,例如因市场恐慌、信用危机等事件造成客户集中退保(挤兑),保险公司由于无法及时获得充足资金或无法以合理成本及时获得充足资金应对大规模给付,将引起流动性风险。虽然当前保险行业尚未发生严重的流动性风险事件,但流动性风险依然是不容忽视的系统性风险之一。

一方面,国内曾经发生过市场流动性短缺的情况。2013年,热钱撤退、银行间利率飙升,6 月和 12 月市场两度经历"钱荒",银行业流动性不足,引起市场震动。6 月的第一周,一些金融机构由于贷款增长较快,尤其是票据业务增长过快,导致了头寸紧张。6 月 19 日,由于流动性紧张,大型商业银行加入借钱大军,导致部分银行机构发生资金违约,银行间市场被迫延迟半小时收市,震动整个金融市场。6 月 20 日,资金市场几乎失控而停盘,Shibor 全线上涨,隔夜拆放利率更是飙升 578 个基点,达到 13.44%,比 6% 左右的商业贷款利率高出一倍,创下历史新高;银行间隔夜回购利率最高达到史无前例的30%;与此同时,各期限资金利率全线大涨,"钱荒"进一步升级。

另一方面,保险行业曾发生过集中退保事件。例如 20 世纪 90年代后期由于销售误导带来的投连集中退保以及由于 2015 年权益市场下跌导致投连资产净值下跌,发生局部的集中退保事件。

当前保险机构主要通过银行间和交易所债券回购业务进行融资以满足流动性需求。银行间市场交易方主要是银行、保险公司、证券等金融机构。交易所市场是以非存款类机构和个人为主的场内市场,相较于银行间债券回购市场,交易量较小。保险机构可以同时在银行间和交易所进行融资,以银行间交易为主。从整个债券回购市场看,保险机构的债券托管量仅次于商业银行和交易所,是市场的主要参与者(见图 5.12)。

但在融资交易过程中,保险机构的成本远高于商业银行。2016年以来,银行间融资回购成本(7 天回购为 DR007)显著低于在银行间市场融资的非银机构的融资成本 R007 约 40 个—50 个 Bp,更远低于交易所融资成本 GC007(见图 5.13)。

在市场资金面紧张时,通常最先受影响的是非银机构的融资渠

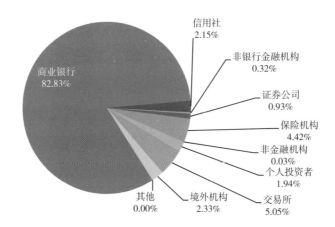

图 5.12　2017 年 8 月份各机构债券托管量

（数据来源：中债登统计结果）

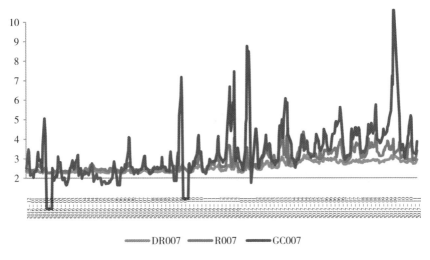

图 5.13　近年来质押式回购利率走势图

（数据来源：Wind）

道和能力。2016 年银行 MPA 考核，其中一个关键指标是广义信贷增速，广义信贷中包含银行对非银机构的融出额。为了将增速控制在监管范围，银行首先压缩期限短、容易压缩的对非银机构的融资，导致保险机构的融资困难。

风险防范：

2008 年金融危机表明，危机的诱因可能包括经济萧条、信贷危机等多种因素，但通常最后直接引发危机事件、压倒金融机构的最后一根稻草是流动性问题，包括市场资金紧缺和金融机构自身流动性不足。流动性风险具有典型"自我强化"的特征，即恐慌催生恐慌。当资金市场利率短期内的上升趋势进行"自我强化"，进而形成流动性紧张的预期，一旦融资成本上升、市场资金供应不足，金融机构通过资产变现满足流动性应急要求，大量资产变现又将加剧市场恐慌，打压资产变现价格，使得市场和金融机构的流动性问题雪上加霜。因此，流动性风险的应对与处置对整个金融体系、经济体系的稳定至关重要。

正因为此，美国在 2008 年金融危机期间，援引《联邦储备法》中第 13 条第 3 款，在面对"异常和紧急情况"下，为非银机构充当"最后贷款人"，向拥有 85 年历史的美国华尔街第五大投行贝尔斯登提供 300 亿美元应急资金，以缓解该公司的流动性短缺危机。这是自 1929 年美国经济大萧条以来，美联储首次向非商业银行提供应急资金。除此之外，对贝尔斯登在华尔街上的竞争对手，开放通常只保留给商业银行和储蓄存款机构的贷款。因为允许美联储在"异常和紧急情况下向非存款类机构充当最后贷款人"这一机制的存在，有效缓解了金融危机对整个经济体系的冲击。

1932 年，美国国会之所以在《联邦储备法》中增加了第 13 条第 3 款，就是受到了 20 世纪 30 年代初期数千家银行倒闭、信贷蒸发情况的刺激。该条款授权美联储在面对"异常和紧急情况"下，可向任何个人、合伙企业或机构发放贷款,但必须具备以下条件:一是必须有5个或以上的美联储理事会成员表决同意;二是必须取得足够的证据证明借款者无法通过其他渠道获取资金;三是负责发放贷款的联邦储备银行必须获得质量足够高的担保品。

为引导行业加强对流动性风险的管理和应对,保监会在2016年正式实施的以风险为导向的偿付能力监管体系中,明确要求保险公司建立融资渠道集中度限额、开展资产变现压力测试、制定流动性应急预案等。但在保险机构完善自身流动性风险机制的同时,应在整个金融市场给予保险机构更多融资便利性,减少限制,使其具有与银行同等或接近的融资能力。保险行业为老百姓的生老病死提供保障、保险资金为实体经济发展提供长期、稳定的资金,因此保险行业稳健发展与银行一样事关经济与民生,而保险机构与银行在经营特征上存在高度相似性,应给予保险机构区别于其他非银机构的金融市场地位。

(5)公司治理风险

近年来,个别保险公司大股东视保险公司为融资平台,利用复杂的股权结构、产品多层嵌套等手段,将大量资金投向实际控股股东或者其他关联方的资产,存在非正当关联交易、利益输送以及利用保险资金自我注资、虚假增资等行为,严重危害了行业的经营本质和健康发展,而其核心问题在于保险机构公司治理不完善,主要存在以下几点:

一是公司股权结构复杂,关联企业数量众多,利益输送链条长。例如,某保险集团有多达五层的直接、间接企业股东,加上曾与这些企业有过股权关系的公司总共多达200多家,其实际控制人利用关联企业设计复杂投资路线进行"左手倒右手"式交易,虚增资本。在循环出资过程中,股东利用保险资金的杠杆效果,极速放大资本。表面上看资本实力增加可以支持更为激进的投资策略,承担更多风险,但保险机构的风险抵御能力并未提升。

二是董事会存在严重的职能和结构问题。公司董事会在选聘高管人员、战略决策、监督和评估经理层的绩效等方面的主要职能还没有完全落实到位;董事专业化程度低,目前许多股份制保险公司董事由股东单位派出,且大部分是兼职,缺少保险经营管理的知识和从业经历,对保险业的政策和发展状况缺乏深入了解;一些公司的董事会在经营管理中没有发挥核心作用,对董事的责任追究机制也没有普遍建立起来。

三是监事会制度不健全,制度执行不严格。目前,很多保险公司虽然设立了监事会,但相关制度不健全,监事会对公司的监督作用没有得到很好的发挥;有的公司虽然制度比较齐全,但往往有章不循,使监事会的监督职能流于形式,没有真正发挥作用。

四是外部治理机制的作用发挥有限。从保险公司治理的外部环境来看,目前我国职业经理人市场不健全,公司高级管理人员的选聘机制失效;只有极个别的保险公司上市,通过证券市场进行控制权配置的功能不能有效发挥;保险公司治理法律法规建设滞后,与我国保险公司的实践相比,现行法律法规存在着不匹配、相对滞后的问题。

五是公司治理中风险控制意识较差。目前,保险公司内控制度建设所关注的重点多在业务层面,而对公司治理结构层面上的风险控制要求是浅表的;风险管理多为静态的、单一的、事后的,很难对经营过程进行动态、全面、预先监控;大多从提高公司经营效益的角度来进行公司治理,而很少从风险防范的角度来进行公司治理制度设计。

风险防范:

公司治理问题会直接降低风险管控机制的有效性,从而衍生出其他各种风险,因此公司治理是风险管理的根本。例如由于股权结构问题导致的非正当关联交易、利益输送和利用保险资金自我注资、虚假增资等行为,掩盖了保险资金投资面临的实质风险,同时又高估了保险公司风险抵御能力(资本实力),给行业健康发展埋下极大的隐患。

保监会 2015 年下发《保险法人机构公司治理评价办法》,并要求定期报送治理报告,同时强化内控、关联交易、信息披露等管理机制。为了规范保险公司股权管理,加强公司治理监管,2016 年 12 月 29 日,保监会对《保险公司股权管理办法》进行修改并向社会公开征求意见,该办法被称为"史上最严险企股权监管办法"。

(6)交叉风险

随着保险资金参与金融市场和服务实体经济的广度、深度不断提升,保险资金运用风险已经与经济金融风险深刻交织交融在一起。少数资产管理产品底层资产不清晰,交易结构较为复杂,穿透监管难度高,可能存在嵌套,甚至监管套利行为,风险的隐蔽性、传染性较强。市场波动加大的情况下,易发生风险的跨市场、跨行业、跨领域交叉传染叠加。

一是产品嵌套进一步放大保险公司的投资风险。保险公司与银行一样拥有大量资金来源,但资金投资范围和比例相对其他资管行业受到较强的监管限制。个别中小保险公司为获取高额收益,利用产品层层嵌套变相增加杠杆,突破保险资金运用的监管比例或范围。

杠杆效应不仅直接增加流动性风险,也放大了保险资金运用所面临的市场风险和信用风险。

二是多层嵌套产品通过复杂的结构设计形成不恰当的利益输送,加剧风险的跨行业传染。保险公司的实际权益持有人通过信托计划等金融产品或其他协议安排间接持有保险公司的权益,导致保险公司难以准确、全面识别其以股权关系为基础的关联方。在此基础上,保险公司股东、实际控制人等还可能通过错综复杂的交易结构掩饰关联交易,从而达到为关联方不正当输送利益的目的。一些保险公司将另类产品经过层层打包实质变成了贷款、ABS 产品等等,向股东、投资项目的利益相关方输送利益。一些保险机构通过投资信托产品给融资人借款,用于融资人房地产投资、满足流动性需求、受让融资人持有的债权等用途,在这种情形下,房地产行业的流动性风险很容易传递至保险行业。通常这类产品夹杂多层法律关系,跨多行业、跨多市场交易,加剧风险在整个金融体系内外的传染。

风险防范:

针对产品嵌套等问题,保监会制定《关于加强组合类保险资产管理产品业务监管的通知》等监管规定。在 2016 年开展保险资金运用风险排查专项整治工作:清查金融产品嵌套情况,摸清产品底层基础资产属性和风险状况;严格核查利用金融产品嵌套和金融通道业务,改变投资资产属性及类别,超范围、超比例投资,逃避监管的违法违规行为;排查利用有关业务或产品,为其他金融机构提供通道等行为。清查金融产品、回购交易及资产抵质押融资情况,查清资金来源和性质,核查违规放大杠杆的投资行为。另外,国务院金融稳定发展委员会将从更高层面上统筹金融监管工作,解决当前金融行业混业经营分业监管所存在的监管套利问题。对于当前资管产品相互嵌套、投资权限无法统一、底层资产无法穿透的问题,在金稳会的统一监管下,将得到有效控制。

四、有关政策建议

1. 探索建立针对保险公司的多元化流动性救助机制

从2008年全球金融危机来看,对危机中的金融机构实施必要的流动性救助,可以在一定程度上限制危机的蔓延和扩大,削弱危机的破坏力,并大大降低个体危机演化成市场危机的可能性。近年来,随着保险业与银行业、证券业等金融子行业之间的业务往来更加紧密、行业依存度逐年增高,我国金融系统的总体关联性在提高,潜在系统性风险在不断积聚①。但当前我国尚未建立针对保险公司的流动性救助机制,保险公司主要通过银行间和交易所债券回购业务进行融资以满足流动性需求,且融资成本远高于商业银行,这不利于金融系统的安全稳定。

建议从以下几个方面建立多元化救助机制:一是增加保险保障基金对保险公司进行流动性救助的职能。建议借鉴国外保险保障基金和我国信托业保障基金相关经验,修改《保险保障基金管理办法》,明确保险保障基金可以通过提供借款、购买保险公司债券等途径,对出现流动性问题的保险公司进行债权方式的风险救助。同时,

---

① 李政、梁琪、涂晓枫:《我国上市金融机构关联性研究》,《金融研究》2016年第8期。

明确接受流动性救助的条件、抵押物范围、期限和额度等相关条款。二是建立商业银行对保险公司的流动性贷款机制。目前,我国保险公司主要通过银行间市场获取短期流动资金,无法获得商业银行的信用贷款。在保险公司资本实力显著提升,规范运营程度明显提高而金融市场混业发展的新形势下,建议金融监管部门允许商业银行向保险公司发放信用贷款,拓展保险公司应对流动性危机的能力。三是将部分系统重要性保险公司纳入中国人民银行流动性支持渠道。随着我国金融产品不断创新,各种金融产品的联动性增强,其相互作用、影响在市场流动性大幅异常波动时极易导致流动性危机的发生。为防范保险业流动性风险,建议进一步强化中国人民银行在维护金融稳定中的支柱职能,将其"最后贷款人职能"覆盖到保险行业,由中国人民银行选取部分资产规模较大、流动性管理较为完善、财务状况良好的系统重要性保险公司作为试点,根据市场化原则与保险公司开展公开市场操作、常备借贷便利等交易,将流动性调节传导链条扁平化,进一步提高中国人民银行流动性投放的针对性和准确性,避免出现市场化流动性总量充足但分布不均的情况。

2. 推进保险资管机构对接中国人民银行征信系统

保险资金约80%配置于固定收益类资产,尤其注重债券投资。截至2017年9月末,保险机构债券投资余额5.13万亿元,规模较年初增长19%,占保险资金运用余额比重较年初增加2.85个百分点。保险资金债券投资中,95%以上是长期配置,短期交易很少,充分发挥了债券市场稳定器的积极作用。因此,债券市场风险对于保险资金影响重大。

近年来,债券市场不确定性持续增加,保险资金面临信用风险加大。一是债券违约事件频发。2017 年 1—9 月 33 只债券违约,金额合计 243.49 亿元。预计,2017 年全年约 5.5 万亿元信用债到期,2018 年及以后年度地方债集中到期 6.2 万亿元,占 40%,我国信用违约风险还将持续增加。二是外部融资环境持续收紧,信用债券利率中枢抬升,抬高新债发行成本,"借新偿旧"融资难度显著增加,市场风险加大。三是个别投资发生违约可能波及部分信用风险敞口较大且管控不严的公司,如"10 中钢债"违约事件中,6 家保险机构共投资 6.1 亿元。四是在利率下行周期,保险机构为获取更高收益,不得不提升风险容忍度,加大对高风险债券、债权配置力度,导致投资组合的信用风险敞口提升。

相比商业银行、财务公司、信托公司、证券公司、融资租赁公司等金融机构,保险资产管理公司作为保险公司旗下专门管理保险资金的金融机构,至今还未获得接入中国人民银行征信系统的资格,在信用风险识别、管理等方面缺乏最重要的抓手。建议准予符合条件的保险资管机构部分或全面接入中国人民银行征信系统。一方面,获得客户授权自主查询和使用征信数据,帮助保险资管机构方便、快捷、全面地了解投资对象资信状况,甄别业务风险、提高审核效率和风险管理能力。另一方面,保险资管机构及时将投资对象的代偿信息上报征信系统,充分发挥征信系统"守信激励、失信惩戒"的约束机制,维护资金安全。

3. 丰富资本市场长期资产供应,防范错配风险

不同于以银行资产为代表的短期商业资本,保险资金属于典型

的长期资本,具有期限长、规模大、来源稳定等特点,尤其是寿险资金可以长达 20—30 年,是金融市场中重要的机构投资者,且投资管理上的逆周期性,可以与宏观经济管理相结合,维护经济、金融体系的长期稳定。国际经验也表明,保险资金相比银行、证券、信托等资金,更能有效弥补经济社会发展面临的中长期资本短缺问题,是政府急需长线投资的主力。

但当前我国资本市场普遍缺乏期限较长的长期资产供应,倒逼保险行业"长钱短配",蕴含着较大的再投资和利差损风险隐患。一方面,较高的长期资产占比,有利于提高金融资源配置效率,降低长期资金使用成本,拓宽金融市场深度,丰富金融功能维度,推动资本市场和直接融资发展。另一方面,以保险资金为代表的长期资金不断增长、投资能力和风险管控能力的不断提升,其可以为国家重大发展战略、重大改革举措、重大工程建设提供全方位、长期稳定的金融服务。建议:进一步丰富资本市场长期资产供应,为保险资金等长期稳定优质资金,量身定制直接对接国家重大战略需求的长期资产品种。既进一步拓宽保险资金服务实体经济渠道,降低实体经济融资成本,也拉长保险资金资产配置久期,避免因大规模保险资金短期投资频繁到期增加资产价格的波动。

4. 加强监管协调与信息共享,防范金融风险交叉传染叠加

党的十九大报告提出,"健全货币政策和宏观审慎政策双支柱调控框架"。货币政策旨在保持经济稳定增长和物价水平基本稳定,宏观审慎政策则着力减缓因金融体系顺周期波动和跨市场风险传染所导致的系统性金融风险。我国金融体系的杠杆率、关联性和

复杂性不断提升,为更好地将币值稳定和金融稳定结合起来,货币政策出台前一般会提前预判其对银行系统、证券市场的影响。

随着保险业与保险资金参与金融市场、服务实体经济的广度和深度不断提升,保险资金运用风险已经与经济金融风险深刻交织交融在一起。就保险业而言,其全面参与灾害救助、社会管理、民生保障等领域,与社会经济发展和国计民生息息相关;就保险资金而言,保险资金体量较大,若出现异常波动,可能产生牵一发而动全身的影响。建议:一是加强金融系统性风险跟踪研判,建立跨行业、跨监管的系统性风险识别、监测与预警工作机制和信息沟通共享机制,推动完善宏观审慎政策框架;二是建立宏观审慎管理和微观审慎监管的协调配合机制,统一和规范各协调主体的管理职责和履职行为,并建立不同层级金融稳定协调机制,增强协调机制的执行力;三是央行出台货币政策前,充分考虑政策对保险市场、保险资金可能产生的影响,提前预判,避免政策出台对保险资金流动性产生较大扰动,进而引发市场异常波动。

5. 其他支持政策

一方面,建议确立保险资管机构作为金融机构的法人地位和平等待遇。截至 2016 年底,保险资管机构管理业内外资产规模已超过 16 万亿元,在金融市场占据重要地位,但仍面临金融机构法人地位不受认可的尴尬境地,导致其在抵质押人权利登记、质押再融资权利、代码登记权利等方面合法权益保障不足,一定程度上削弱了保险资管产品竞争优势,不利于保险资金更好服务实体经济发展。另一方面,建议允许保险资金探索开展抵押贷款、中长期贷款业务,增加实体经济长期资金供给。从国际经验来看,发放贷款是发达国家保险资金运用的基本形式。寿险公司是美国房地产贷款市场的重要参与者,贷款资产在日本保险资金运用中占比最高接近70%。建议探索推进保险资金在基础设施、民生项目、新兴产业、个人住房抵押贷款、农村小额贷款等行业或领域发放贷款,作为传统银行信贷的有益补充,降低实体经济融资成本。

第六章 我国保险产品创新及其风险防范

创新是发展的第一动力。在保险公司的经营与发展中,产品始终处于最核心位置。没有合适的、具有一定规模的、不断创新和演进的保险产品,保险公司的经营和发展将无法持续。正因为如此,保险产品创新也就成了保险公司乃至整个行业发展的核心促进力量。近年来,随着经济社会的加深转型、消费者的消费升级以及数字技术的崛起,保险产品创新高潮迭起,呈现出波浪式不断前行的特征。深入分析当前保险产品创新的现状及内蕴的风险因素,对促进保险公司的正常运营和行业可持续健康发展,具有十分重要的现实意义。

一、我国保险产品创新的现状分析

保险产品是指由一个及以上主险条款费率组成,可以附加若干附加险条款费率,保险公司可独立销售的单元。根据经合组织和欧盟的定义,产品创新是指引入在属性上或用途上全新的或有重大改进的商品或服务。也就是说,产品创新既包括引进新商品或服务,也包括对现有商品或服务在性能或使用特点方面的重大改进。这一定义中的"产品"包括商品和服务两个方面。我们在研究保险产品创新时,产品的概念仅包括保险商品,不含保险服务。

1. 近年来我国保险产品的结构演变

产品结构演变是产品创新的自然结果。回顾近年来保险产品结构演变的轨迹,可以发现产品创新的基本线索。

(1)财产险产品结构演变情况

按照产品保障范围,财产险可以划分为企业财产保险、责任保险、农业保险、机动车辆保险、信用保险、保证保险、工程保险、货运保险等。近十几年来,我国财产险产品结构经历了一个不断变化的过程,基本走势是:机动车辆保险保持一个较高的比重,且相对平稳;企业财产保险占比不断下降;农业保险有所提升;责任保险则保持一个较低的比重,变化不大(见图6.1、图6.2)。

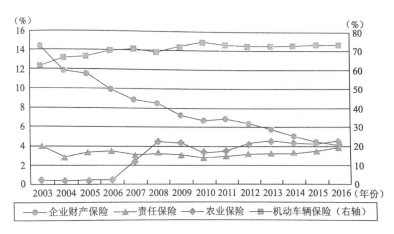

图 6.1　2003—2016 年财险各主要产品保费收入
在产险总保费收入中的占比

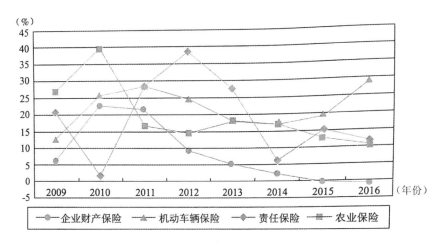

图 6.2 2009—2016 年财险各险种同比增速

具体说来,各险种的变化情况如下:

机动车辆保险。2003 年以来,我国机动车辆保险业务取得了长足的发展,一直是国内财产保险市场的第一大险种,机动车辆保险在财产险业务保险保费收入中的比例呈逐年缓慢上升趋势,保费规模从 2003 年的 545 亿元增加到 2016 年的 6834.55 亿元。其中,2003—2006 年,机动车辆保险占财产险业务保险保费收入的比重介于60%—70%,2016 年上升到 78.34%,上升的趋势较为稳定,这说明机动车辆保险第一大险种的地位不断得到巩固。

企业财产保险。2003 年特别是 2007 年以来,我国企业财产保险业务规模实现快速增长,保费规模从 2007 年的 187 亿元到 2016 年的381.54 亿元,年均增长率为8.25%。尽管企业财产保险业务在近年来实现了快速增长,但增长速度在各年间的差异却十分明显,尤其最近两年出现了负增长,这说明企业财产保险的发展势头还不够稳定,业务经营的发展程度需要进一步深化。

农业保险。2003 年特别是 2007 年以来,我国农业保险业务规模实现快速增长,保费规模从 2007 年的 53.33 亿元增长到 2016 年的 417.71 亿元,年均增长率为 25.70%,成为仅次于机动车辆保险的第二大险种。从农业保险在整个财产保险市场总保费中的比重变化来看,比重总体上有了很大提升,不过在 2008 年至 2010 年之间也经历了一段小幅下滑。农业保险在承保品种上已经覆盖了农、林、牧、副、渔的各个方面,在开办区域上已覆盖了全国所有省(区市)。农业保险业务的持续快速发展,一方面表明我国广大的农村地区具有巨大的保险潜在需求,另一方面说明各级财政补贴政策对农业保险的发展具有极大的推动作用。

责任保险。2003 年以来,我国责任保险保费收入在整个财产保险市场中的比重较小且相对稳定,占比最高不超过 20%。其中,2016 年,责任保险保费收入在整个财产保险市场中的比重为4.15%,在 2015 年,这一比重为 3.78%。尽管在整个市场中的比重较低,但责任保险在财产保险市场中仍是仅次于机动车辆保险、农业保险和企业财产保险的第四大险种。近年来,国内责任保险产品已经涉及公众责任、产品责任、雇主责任、职业责任等各个方面,实际经营的险种多达数百个,服务领域延伸到社会的各个领域,众多保险公司也相继在责任保险方面作了一些有益的探索。

2016 年,我国财产险市场整体运行平稳,稳中有进,业务规模持续增长,结构不断深入。具体来看,财产险市场原保费收入增幅稳定,实现保费收入 8724.50 亿元,同比增加 729.53 亿元,同比增长9.12%,增幅较上年同期下降 1.86 个百分点。从产品结构上看,2016 年,国内财产险市场保费收入排在前四位的险种依次是机动车辆保险、农业保险、企业财产保险和责任保险,这 4 个险种占财产险保费的比重分别为 78.34%、4.79%、4.37% 和 4.15%,原保险保费收入合计 7996.15 亿元,同比增长 9.87%,增幅较上年同期下降 1.69 个百分点,占财产险业务保险保费收入的 91.65%。

(2)人身险产品结构演变情况

按产品保障范围,人身险可以划分为寿险、健康险和人身意外险。自 1999 年以来,我国人身保险市场得到了长足发展,保费收入保持高速增长,1999 年,我国人身险保费收入仅为 872.1 亿元,2016 年我国人身险保费高达 22234.6 亿元,同比增长 36.51%,增速再创新高。17 年间,我国人身险保费收入增长 25 倍。从产品结构看,和财产险类似,近十几年来,人身险产品结构也经历了一个不断变化的过程,基本走势是:在本世纪第一个十年,寿险、健康险、人身意外险在人身险保费中的占比有变化,但相对稳定,但进入第二个十年,出现较大变化:寿险不断下降、健康险持续上升,人身意外险则变化不大(见图 6.3、图 6.4)。

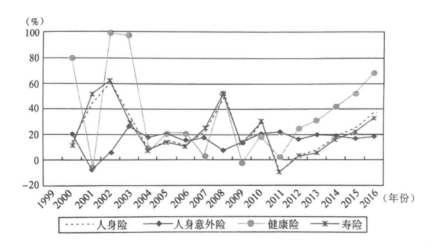

图 6.3　1999—2016 年寿险各险种占比

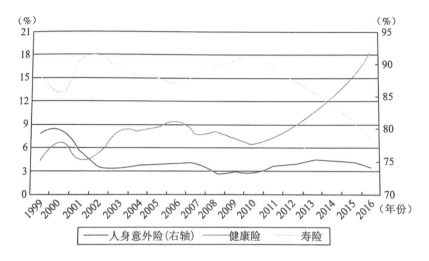

图 6.4　1999—2016 年寿险各险种保费同比增速

具体说来,各险种的变化情况如下:

寿险。1999 年以来,寿险一直是国内人身险市场的第一大险种。其中,1999—2010 年,虽然寿险占人身险总保费的比重有小幅波动,但最低不低于 85% 的比重。2010 年以来,虽然寿险保费占比逐步下滑,但寿险保费占比仍然较高,依旧是最主要的人身险保费来源。其中,2014 年,受益于人身保险费率市场化改革,健康险和人身意外险保费收入增长迅速,但寿险占人身保险保费的比重依然高达 85.9%。

健康险。1999 年以来,健康险保费占人身险总保费的比重增长较快,但仍低于成熟市场的 20%—30%,健康险市场的发展仍有较大的空间。急促的生活节奏和来自工作、交际与生活成本的压力给当代人的健康带来了许多威胁,人们也越来越注重对自己健康的关注与保障,1999 年以来,我国健康险保费占人身险保费的比重在波动

中持续上升。其中,2010 年以来,受益于"大数据"、医疗科技的发展
推动和全社会的健康管理意识的增强等因素,健康保险在人身风险
保障类保险产品中受到消费者的追捧,健康险业务在保险业务中的
份额也逐渐增大,健康险保费占人身险保费的比重持续增加。随着
税优保险政策的推广,更多寿险公司拿到税优健康险的牌照,健康险
将成为各大寿险公司发展的重要方向。在各项政策利好的推动下,
健康险业务增长不断提速,2014 年,健康险保费收入为 1415.8 亿
元,占人身险总保费的 11.2%;2016 年,健康险保费收入达 4042.5
亿元,保费同比增长 67.71%,占人身险总保费的比重提高 3.38 个百
分点至 18.2%,是增长最快的人身保险险种。

人身意外险。1999 年以来,我国人身意外险占人身险保费比重
较小且相对稳定,占比最高不超过 9%。其中,2016 年,我国人身意
外险业务继续保持平稳较快增长,全年实现原保险保费收入 749.89
亿元,占人身险保费的比例为 3.37%,较 2015 年增加 114.33 亿元,
同比增长 17.99%,增速与 2015 年基本持平。

2. 近年来保险产品创新的基本趋向

近年来,伴随简政放权力度不断增加,费率形成机制改革走向深
入,市场逐步开始在保险资源配置中发挥决定性作用,保险公司的产
品创新越来越活跃,主要在以下三个方面表现突出:

(1)适应新风险变化、适应新需求的产品不断涌现。例如,行业
推动科技与保险结合创新试点,加快发展以首台(套)重大技术设备
保险为重点的科技保险,为企业自主创新、技术改造和装备升级提供
全方位风险保障。为了发挥保单对贷款的增信作用、缓解企业融资

成本高的问题,行业推动完善"政府+银行+保险"模式的小额贷款保证保险试点工作。行业还积极开发适应新型农业经营主体需求的保险品种,开发了地方特色农产品保险、产品价格指数保险、农产品产量保险等新型险种。再如,保险业在互联网电子商务发展和技术进步的推动下,推出包括退货运费险、网络交易平台卖家履约保证保险等新险种。事实上,大数据等新技术的突破,为保险行业扩大覆盖面、实践普惠金融、创新性地开发长尾业务提供了良好条件。

(2)运用物联网、社交网络,LBS(基于位置服务)、大数据等新技术全面改造现有保险产品的形态,以改进产品,提升消费者体验。例如,伴随分布式计算、网格计算、云计算、数据挖掘等大数据分析技术,保险公司可以基于车联网产生的数量庞大的行车数据,开发出UBI(usage-based insurance)产品,将个人保费与行驶里程、驾驶员驾驶安全方式等因素挂起钩来,进而更有效地规避逆选择,提升市场效率。国内已经有多家保险公司开始布局UBI车险,目前已经进入尝试探索阶段。

(3)深化在养老、健康、科技等产业链的战略合作和资本布局发展,提升行业服务创新能力。近年来,保险业建设养老社区、提供养老生活服务,与医疗机构合作,提供健康咨询、健康情况跟踪与提示、导医、慢病管理等一系列健康管理服务,开拓新领域新服务。这些创新性的做法受到客户的认可,成为行业未来发展的趋势之一。

3. 近年来财产险产品创新的成效及问题

(1)财险产品创新的成效

近年来,中国财产险业根据党中央、国务院有关金融产品创新、支持实体经济发展的精神,以服务经济社会和民生保障为指针,大力推动产品创新,在机动车辆险、企业财产险等传统领域之外,与国计民生密切相关的农业保险、责任保险保持良好发展势头。2016 年,财产险业务增速保持稳定,实现原保险保费收入 8724.50 亿元,同比增长 9.12%。

农业保险创新活动十分活跃。推动农业保险转型升级,开展价格保险、收入保险、天气指数保险和"保险+期货"模式试点,推动农业保险从"保生产"为主向"保生产、保收入、保生活"相结合发展。2012—2016 年,我国农业保险保费收入从 240.13 亿元增长到 417.12 亿元,年均增长率达 14.8%;小麦、水稻、玉米三大主粮作物平均承保覆盖率超过 70%,农业保险保障水平超过农业 GDP 的 30%,赔款接近农作物直接经济损失的 10%;农业保险基层服务网点乡镇覆盖率达 95%,村级覆盖率达 50%。

责任保险覆盖范围不断扩大。近年来,责任保险市场活力不断释放,各地涌现出一些先进经验,如医疗责任保险"宁波解法",环境污染责任保险"无锡模式",食品安全责任险"安阳模式"等。覆盖领域不断扩大,目前医疗责任保险有 7 万余家医疗机构投保,其中 90% 为基层医疗机构;校方责任保险在义务教育阶段学校基本实现全覆盖,为学校提供风险保障 69.13 万亿元,年均承保学校 20 万所,覆盖全国学生超过 1 亿人;承运人责任保险、旅行社责任保险等也已基本实现全覆盖;会计师事务所、安全生产等领域也从传统的风险准备金模式向责任保险模式转变。

巨灾保险制度建设取得明显进展。目前,我国已经在深圳、宁波、云南、四川等地开展了巨灾保险试点,另还有十余个省份正在研究启动地方试点。自 2016 年 7 月 1 日地震巨灾保险产品上市以来，截至 2017 年 9 月底，累计出单 155.77 万笔，为社会提供风险保障 738.74 亿元。其中，2015 年"灿鸿""杜鹃"两次台风中，宁波巨灾保险共支付赔款近 8000 万元，惠及 14 万户受灾家庭；云南两次地震保险赔付 3554 万元；天津港"8·12"事故，第一时间赔给中进汽贸公司 17.3 亿元，避免其直接陷入破产。

（2）财险产品创新存在的问题分析

伴随着产品创新的日趋活跃，一些问题也逐步显现和暴露，具体如下。

奇葩产品接连涌现。"只有你不敢想，没有保险公司不敢保"，这句话用来形容近些年来的保险市场新产品应该不为过，在互联网发展如此之快的新世纪里，保险业也赶上了时代的潮流，借着各种话题推出多样富有"创意"的产品。比如借着京津冀地区严重的雾霾天气为由头，平安保险和人保财险分别推出了北京地区专属的雾霾险和雾霾旅游险，但遗憾的是，推出不久就被保监会财产险监管部门叫停了；再者，"老人摔倒扶不扶"这一严重有损中华民族传统美德的行为也被利用登上支付宝，一时成为人们茶余饭后议论的话题；更有在中秋前后阿里巴巴推出"中秋赏月险"，中秋节家人团聚共赏明月本来是一件很愉快的事情，但是在中秋赏月险的推动下却变了味。很明显，这些保险产品不满足保险的本质，即可保利益和大数法则。这些吸引人眼球的创新型保险产品，虽然一时登上了"头条"，引得人们驻足观望，但就在这些所谓的创新型产品推出不久，就被监管部门"叫停"了。创新固然是发展的不竭动力之源，但保险创新应该紧扣保险的本质，满足可保利益和大数法则。

各家公司产品差异化较低。目前保险市场上各家保险公司的产品很相似,如中国平安保险和中国人民保险两家公司,它们推出的旅游保险,除了名字不同,其产品在设计中存在很高的相似度,对投保人来说选择在很大程度上都取决于其保险之外的增值服务,而各家保险公司在保险市场的竞争由保险产品本身转移到保险所带来的增值服务,脱离了保险公司服务的本质。其实,在我国有很多高风险、高赔付的险种需要保险公司涉足,保险公司在保险产品创新方面有很大的发展空间。

险种结构不尽合理。虽然财产险产品近几年在创新方面取得了不错的成绩,但不容忽视的是各保险公司产险产品无论从经营管理理念、行业经营秩序和经营管理的规范性,还是在经营环境和经营质量等方面,都存在着突出的矛盾和问题,财产险市场仍然存在着突出的结构性矛盾,如险种结构失衡、财险业务过分依赖于车险、企业财产险和责任险的比重仍然较低等。今后,应改革过分依赖车险的严重畸形的财产险产品结构,重点发展家财险、责任险等占比较小的领域。以责任险为例,其在交通、旅游、医疗、教育、环保、安全生产等方面都可以发挥至关重要的风险保障作用,同时,责任险中保险公司扮演的风险管理者角色,更能体现财产险这种社会风险管控制度的本质特点。

4. 近年来人身险产品创新的成效及问题

(1)人身险产品创新的成效

自入世以来,我国人身险业务发展强劲。目前,我国人身险市场已成为全球最大和最具潜力的新兴市场。2016 年,我国人身保险市场发展势头强劲,寿险业务实现原保险保费收入 17442.22 亿元,同比增长 31.72%。其中,普通寿险贡献突出,实现原保险保费收入 10451.65 亿元,同比增长 55.34%,对行业保费收入增长的贡献率为 55.77%。健康险业务高速增长,实现原保险保费收入 4042.50 亿元,同比增长 67.71%。

产品种类基本齐全。我国目前市场与国际市场相比,主要产品种类和产品形态已经具备,但在产品的具体形态设计和后台技术支持方面与先进国家还有一定的差距,特别在健康险产品和投资型产品方面差距明显,如变额年金、指数年金、私人健康保险、长期看护保险等产品在国内呈现刚刚起步的状态。

表 6.1　我国人身险产品的种类及数量

寿险产品种类		业务类型	产品数量
人寿保险	定期保险	传统型	938
		新型	21
	终身保险	传统型	163
		新型	787
	两全保险	传统型	1011
		新型	2340
年金保险	养老年金保险	传统型	64
		新型	183
	非养老年金保险	传统型	403
		新型	1078
意外伤害险	—	传统型	3831
	—	新型	2

续表

寿险产品种类		业务类型	产品数量
健康保险	个人税收优惠型	传统型	2
		新型	19
	非个人税收优惠型	疾病保险	2598
		医疗保险	3311
		失能保险	54
		护理保险	168
委托管理业务	健康保险委托管理	传统型	44
		新型	1
	养老保险委托管理	传统型	1
		新型	36

注:中国保险行业协会—保险产品,数据截至2017年3月。

保障型产品逐渐回归。为规范人身险业务发展,落实"保险姓保"的政策理念,保监会相继出台了一系列规范人身保险产品的规定,比如2016年《关于规范中短存续期人身保险产品有关事项的通知》《关于强化人身保险产品监管工作的通知》,2017年《关于规范人身保险公司产品开发设计行为的通知》等。一是真正发挥人身保险的保障作用,鼓励寿险公司进行产品结构的调整,促使产品创新向保障型寿险产品转变;二是加强对人身险产品的监管,提高产品的质量和公平性,提升消费者的认可度和满意度。对万能险的规模、经营管理等进行了限制和规范。2015年,普通寿险保费收入6728.1亿元,同比增长56.6%;分红保险保费收入6413.1亿元,同比减少1.5%;投连险保费收入4.2亿元,同比减少5.5%。

产品开发流程不断完善。目前,人身保险产品由总公司负责开发，与产品相关的基础数据积累、经验分析、产品定价等能力均有所增强，扭转了以往由各公司分支机构开发产品的无序管理状态，在一定程度上控制了产品设计风险。同时，一些人身保险公司建立了较为完整的产品开发机制，明确总公司各职能部门在产品开发中的职责，优化产品开发流程，规范了产品开发具体工作事项，形成贯穿前台和后台各个环节的产品开发管理机制。以总公司产品开发部（产品市场部）为核心部门，相关后台管理部门、销售部门共同参加的产品开发项目小组，为产品开发提供制度和组织保障。

产品定价基础不断完善。1996 年以前，我国人身保险公司没有自己的生命表。从 1992 年下半年开始，原中国人民保险公司人身险部根据中国人民银行的委托，开始设计编制中国经验生命表方案。1996 年 6 月 23 日，中国人民银行发布了《中国人寿保险经验生命表（1990—1993）》。生命表的使用标志着精算技术开始运用于我国寿险产品定价，"三元素法"（预定利率、预定死亡率/预定损失率、预定附加费用率）逐渐发展成为人身保险业产品定价普遍采用的方法。2003 年 8 月，中国保监会指导行业开始启动新生命表的编制工作。2006 年 1 月 1 日，《中国人寿保险业经验生命表（2000—2003）》开始使用。从数据的完整性和数据来源多样化方面看，新生命表更加科学和合理，为人身保险产品的科学定价提供了数据基础。

逐步形成一些品牌产品。经过多年的发展，人身保险行业逐步形成了一些品牌产品，这些产品在市场和消费者心目中的品牌优势日益增强。如重大疾病保险、少儿教育金保险、简易人身保险、学生平安保险、旅游意外险、航空意外险等等，已经得到广大消费者的认同和接受。从各寿险公司看，一些公司的特色产品，如中国人寿的

"鑫丰新两全保险",平安人寿的"尊宏人生两全保险"等,在市场中已经拥有较高的知名度,成为公司的品牌产品,这两款产品在2016年的原保险保费收入均超百亿元。

(2)人身险产品创新中出现的问题

由于我国人身险市场仍处于发展的初级阶段,不可避免会存在一些问题,具体表现在以下方面:

创新思路与核心价值偏离。保险存在的核心价值在于风险管理和风险保障,而储蓄和投资功能均属于其衍生功能。近年来由于资本市场的持续活跃,投资型保险产品受到市场的热烈追捧,以致国内保险机构在产品研发上过于强调其投资功能,使得保险的保障功能被不断地弱化,保障成分甚至一度成为投资理财型保险产品的附属功能,如分红险、万能险和投连险等。虽然改革开放以来,我国经济水平取得了长足发展,但是相对于西方发达国家而言,我国人均收入仍然较低。在大部分民众的基本风险保障仍未被满足的情况下,国内保险机构过分强调保险的投资理财功能,使得保险业的发展建立在小部分富裕群体的理财需求之上,而大部分民众的基本保障需求则被漠视了。这样一来,我国保险业就如同无本之木,失去了其发展的坚实基础。

市场研发与需求脱节。现阶段国内保险公司提供的保险产品之间条款差异非常小,以致各公司业务结构基本雷同。险种同质化的倾向说明保险机构在保险产品研发上未做到"有效创新",而真正的有效创新的首要前提之一是以科学的市场调研为基础,对目标客户的风险保障需求、经济水平、市场供给状况等进行详细的调查研究。随着经济的发展与科技的进步,人们面临的风险以及对保障的需求也在不断发生着变化。只有产品的研发建立在详细的市场调研基础上,对保险客户的需求进行全面、深入的了解,才能真正满足消费者的需求,适应市场需求的多样性,从根本上解决保险市场上有效供给不足的困境。

产品条款的通俗化有待进一步改善。目前普遍存在保险条款难以读懂的现象,甚或保险业务的专业代理人对保险条款的内容都深感困惑,保险条款难以读懂的问题在一定程度上遏制了人们购买保险产品的积极性。因此,关于保险条款的通俗化标准的工作已成为提升保险服务质量的重要内容。至于保险单的格式、版面设计普遍较为单一、呆板,亲和力不强;不能站在公司整体高度统一规划,因此各公司产品标识不突出,缺乏个性。保险产品外延服务是支持和提升产品内在价值的重要手段,但由于保险的便利性服务和支持性服务缺乏特色,从而导致保险产品外延服务的低层次和无差别化。当前,关于构建完善的保险服务体系和提供完善的、高品质的保险服务,已成为促进保险业纵深发展所必须亟待回答和解决的重要问题。

二、当前我国保险产品创新蕴含的风险分析

总体而言,近年来我国保险业在创新发展方面做出了一些成绩,主要以集成式创新为主,即对现有的产品、技术、流程或方法的提升、改造,以更好地满足消费者或市场的需求。例如,将传统保障与创新型的投资类产品组合起来,为客户提供更丰富的财富管理服务;或者利用大数据等创新技术,提升精准服务水平,等等。从趋势上看,突

破现有的模式,依托新技术平台发展全新的产品、服务或商业模式的颠覆式创新也已经初现端倪。但不容否认的是,"理财险"比保障计划更受欢迎、行业扎堆个别险种等现象,也揭示出行业的集成式创新能力还有很大的提升空间,而中国保险业应对颠覆式创新的能力,也还未经历过真正的历练。面对复杂变幻的外部形势和行业发展的实际,保险产品创新面临着各种风险。

1. 产品定价风险

保险产品的价格体现为保险公司为承担一定的保险责任向投保人收取的保险费。保险无法像商业或制造业那样可以依据实际成本决定其产品售价,而必须利用估计成本来推算保险产品的价格。保险费的确定,应首先就各项保险成本进行估计,然后以贴现的方式将其换算为承保时的现值,据以向投保人收取保险费。据此,不难发现,保险产品定价风险主要来自三个方面。

纯保费的偏差风险。保险产品定价仅仅依靠估计的成本来定价,实际上是统计推论的一种应用。估计成本与实际成本两者间出现的偏差是保险公司定价风险产生的主要原因。具体来说,导致偏差出现的原因有以下方面:一是个体风险的不可测定性。不同的个体风险具有不同的损失分布,绝大多数个体的损失经验数据是十分有限的,因而难以提供估计其损失分布的足够信息。二是巨灾风险问题。巨灾风险是指发生周期较长、发生频率较低,但一旦发生将会出现巨额损失,其实际损失常会超过当年损失期望值,给保险公司财务稳定造成不良影响。尽管按照保险理论,大部分巨灾风险不具可保性,但是社会的需要、竞争的压力以及承保技术的进步,使现实中保险人承保着大量的巨灾风险,增加了保险公司的经营风险。三是统计数据的影响。在损失分布模型的拟合中,保险人面临的主要困难是:其最关心的是分布的右尾(即高额赔款损失),但右尾的数据往往又是最少的,因此,拟合的结果在左尾(小额损失)可能会有较高的可信度,但在右尾的效果就未必如此。而且,在实际观察数据中增加或减少一项高额损失对分布模型的参数估计将产生十分显著的影响,甚至会导致对损失分布的右尾作出错误的判断。

确定附加保费的技术风险。传统费用附加方法是按风险保费的一定比例计算的,该方法简便易操作,但是不尽合理,因为我们没有理由要求高风险的被保险人向保险经纪人支付更多的佣金,也没有必要因此而激励保险经纪人更积极地签发高风险的保单。此外,让高风险的被保险人向保险公司提供更多的利润也无充分的理由。

竞争导致总保费的不充分定价。保险业竞争的结果是保险的范围越来越广,承保责任不断扩大,而保险费率趋于下降,保险公司从保险费收入中所得盈利甚少,有些险种甚至亏损,承保经营入不敷出,需依靠保险投资业务所得的盈利来弥补承保业务的亏损,以维持保险业的生存与发展。这种现象已经扩展到世界许多国家,成为世界保险市场的普遍现象。因此,竞争的存在使保险产品的定价风险较多地表现为定价不充分,导致保险人的负债相对较高,从而使其经营处于不利位置。

盲目价格竞争风险。随着保险公司和保险中介机构等市场主体的进一步增加,在目前的业务竞争(尤其是招标业务)中,保险费率成为焦点,费率高低是决定公司成功与否的最关键指标。一些保险公司,为追求业务规模和市场份额,则更多地利用降低费率来进行恶性竞争。近年来,部分公司企财险费率骤降就是一个明显的例证。这种恶性竞争,一方面使续保业务保费收入同比大幅下降,另一方面致使许多大项目、大工程和特殊风险的费率仅为国际市场的 1/3 到 1/2,无法在国际再保险市场上进行分保,从而迫使公司不得不扩大自留额,风险进一步增大。

2. 产品同质化风险

目前,我国保险市场竞争十分激烈,各保险公司为了扩大自身影响力,抢占市场份额,采取了诸如补贴费用、降低费率、篡改条款、通融赔款等一系列手段,甚至不惜采取人情赔付、吃单埋单等违法违规行为。造成保险市场混乱局面的一个重要原因就是产品同质化严重。主要表现在以下三点:首先,各保险公司险种虽然种类繁多,但产品结构趋同,业务风险同质现象突出。其次,各保险公司产品中业务流程相似,服务标准相近现象严重。高度的产品同质化程度,引发保险市场的过度竞争,过度竞争导致各保险公司交易成本高居不下,保险市场新晋公司直接面临生存危机,原有老资质公司背负的压力越来越大,不利保险市场的健康稳定可持续发展。最后,在产品研发过程中,由于调查得不充分,缺乏准确的市场定位,因此,经常出现开发出来的产品与市场需求脱节的问题,而在研发全国性产品工作时,由于缺乏对地区经济发展差异、地域特征和气候特征的考虑,产品创新并不能形成有效的产品供给,而保险产品易于模仿、复制的特点,导致产品差异化程度很低,从而导致开发出的险种因不能真正符合客户需要而给保险公司经营决策带来风险。这一风险的发生会使保险公司浪费开发成本、错失市场机遇,造成经营策略失误,从而使保险公司在激烈的市场竞争中失去先机。

3. 创新保护不足的风险

保险创新是一个充满智力劳动的过程,其创新成果富有商业价值,但也因为保单的公开性,保单上关于保险责任范围、保险价格、险种的设置都必须以文字进行清晰的描述,并进而公示投保人知晓。文字的这种开放性使得对保单条款进行的任何创新性改动都极易为竞争对手所知,且极易被对方模仿,同时,模仿者还不必为此付费。如何通过有效的知识产权保护制度促进创新,同时又能够保护市场竞争活力,是关于保险业创新发展的基础性问题。目前,我国保险产品创新方面的知识产权保护尚不完善。我国在 1996 年 7 月颁发的《保险管理暂行规定》第四十五条规定:"保险公司在申报备案的新险种条款和保险费率时,可以向中国人民银行申请半年的新险种保护期。在保护期内,其他保险公司不得经营此险种。"但进入统颁条款阶段之后,此规定也就没有了存在基础;之后《保险法》颁布及历次修订,对于保险产品的知识产权保护都没有特殊说明。事实上,为了鼓励竞争,许多保险业发达市场对保险产品也没有明确的专利保护,主要理念是认为有实力的保险经营者不会照搬他人开发的险种,一般也是通过反不正当竞争的相关法律,限制、阻止对他人创新成果的侵犯。但在保险市场发展阶段,这种做法仍然是值得讨论的。当然,国内保险公司的知识产权保护意识也的确有待提高。国家知识产权局中国专利公布公告显示,从 1985 年开始统计至今,由保险机构(含中介)提出并已经获得授权的发明(设计)共 46 项,主要涉及保险业务处理系统、风险评估与定价的参数与方法、与产业链上下游服务提供商协议管理系统与方法等;专利持有人中,外资公司拥有的专利占比约50%,其中瑞士再保险拥有18项,占到总数的39%。综上所述,在我国,由于知识产权特别是以文字表现的产品的知识产权的归属不易识别,从而导致目前还缺乏对保险公司创新成果进行保护的有效手段。保险公司花费大量成本开发的新险种,在较短的时间内就有可能被竞争对手模仿,这使得保险产品的优势往往都是短期的,鉴于产品开发风险,"搭便车"现象较普遍,保险公司开发成本难以收回,无疑极大地挫伤保险产品创新的积极性。

4. 以"创新"之名"异化"的风险

从2016年发生的一系列热点事件中可以看到,部分保险公司在经营中偏离了保险保障的主业,把万能险等创新型保险产品"异化"成中短期的趸交型理财产品并强力推出,之后又将"圈"来的资金用于包括集中举牌等在内的激进投资上,一方面因为资产负债匹配程度低,形成了风险隐患,另一方面也在客观上不利于保险意识的培养。不能忽视的一点是,行业这种偏离保障的做法,起初也是在"创新"的名义下进行的。分红,万能,原本是为了满足消费者抵御通胀、灵活调整保障水平等诉求而发明的,但是在实际经营中"走样",也有其客观原因:

一是消费者有需求。伴随着改革开放以来中国经济的高速发展,社会财富积累迅速,消费者的理财需求日益高涨。有数据显示,在2000—2016年间,中国人均财富从5670美元增长到22864美元,家庭财富存量已经增长到23.393万亿美元,全球排名第三,仅次于美国和日本。财富水平的增加,激发了消费者的理财热情,而伴随理财经验的累积和风险分散理念的日益增强,加之财富目标多元化的驱动,人们对综合财富管理的要求也越来越高。在这一背景下,金融业不同部门之间相互交流和碰撞、彼此影响和渗透,金融综合经营已成趋势。在日趋白热化的跨行业竞争中,保险业求增长,势必要兼顾理财需求;研究也表明,带有投资理财性质的寿险产品更受消费者青睐。

二是跟保险消费决策的特征有关。保险消费决策与被保险人意识到的自身风险大小有直接的关系,这决定了保险经营首先需要有效传递保险消费知识和风险理念,保险企业需要积极主动地使用拜访、劝说、引导等手段,影响消费者的认知,将自己的产品和品牌植入消费者的认知空间,将产品"推销"出去。而在中国市场,销售保障型产品的成本远高于理财型产品。保险公司如果不关注自身产品的投资功能,不能交出让市场满意的投资收益答卷,就可能要承受市场萎缩的后果;而如果突出产品的投资理财功能,在短期内就可以取得快速的增长。

可以说,虽然各界都深知"保险姓保"对于行业可持续发展的战略意义,但是在很多情况下,保险企业追随的指挥棒,还是短期的市场表现。这样的模式经过一段时期的发展,往往会在服务理念、运行程序、方法技术等基础领域形成定式思维,导致竞争陷入"红海僵局"。而少数公司因为内部治理结构不健全,在经营中以创新做包装,规避保险监管,将创新型产品异化为低成本的融资工具,以高风险方式做大业务规模,实现资产迅速膨胀,完全偏离保险保障的主业,更是引人深思、值得警惕。事实上,相对庞杂的保险市场,监管资源总是有限的,而保险创新又是多维度、多层次的,其采取的基础数据和技术模型各不相同,有限的监管部门工作人员根本无力与之"抗衡"。所以,要让保险真正"姓"保,一方面要进一步强化监管自身的理念、规则和力度。另一方面也要积极引导保险企业自律合规。正如本轮金融危机后奥巴马曾经说过的那样:"任何法律都不可能强迫人们为自己的行为负责;但华尔街仍然有义务吸取本次危机所带来的教训,调整他们的行为。"

三、促进我国保险产品创新的几点建议

保险产品创新是一项涉及面广的综合性系统工程,不仅需要保险公司及有关方面的大量投入,也需要政府及监管部门的政策支持和有效引导。只有多方形成合力,才能促进保险产品创新和保险业的稳定健康发展。

1. 加强保险产品开发管理

第一,保险产品创新要符合保险原理。保险的基本职能就是分散风险、补偿损失。对于被保险人而言,必须有实际的、可以用货币计量的经济损失的发生,才有可能从保险人那里获得赔偿。否则就很容易扭曲保险的本质。无论保险产品如何创新,它都不能够脱离自身是保险的这一本质。保险所面临的风险是纯粹风险,即使没有保险,风险也是客观存在的,因而保险是对可保风险进行转移,而不是像赌博那样产生新的风险。此外,保险通过大数法则进行损失分摊,从而保障被保险人的利益,这是保险存在的最大意义。以世界杯

遗憾险为例,风险由自身行为所创造,且被保险人不存在丝毫的可保利益,它打着保险的旗号为赌博行为埋单,严重违背了保险精神。因此,保险公司在开发创新型保险产品时,一定要秉持保险精神,做好风险分散和经济补偿,不要让保险成为投机利益的保障工具。

第二,保险产品创新要科学合理厘定保险产品费率。保险产品创新费率厘定要科学,要做到充分、公平、合理、稳定灵活和促进防损。某些创新型保险产品开始由于缺乏相应的统计数据,无可比情况,因而在设计之初多采用判断法进行费率厘定。但是判断法往往受主观因素影响过大,不能够真实地反映保险标的的情况,确定的保险费率也并不科学,对投保人而言缺乏公正性且不甚合理。因此,保险公司在开发创新型保险产品时,费率应当按照风险损失原则合理厘定,要尽可能多地利用科学的修正法来确定保险费率,保证公平合理性,不危及保险公司偿付能力或者妨碍市场公平竞争,不得通过设置过高附加费用率,侵害保险消费者的合法权益。

第三,保险产品的创新不能违背法律法规。保险产品创新应严格遵守《中华人民共和国保险法》及相关法律法规的要求,要合法合规。不管是真正的保险产品还是打保险的擦边球,都应该以合法合规为前提。保险事故发生时,被保险人对保险标的必须有法律上承认的利益,严禁开发带有赌博或博彩性质的保险产品。因此,保险公司在开发创新型保险产品时,一定要做到合法合规,不钻法律的空子。

2. 为保险产品创新创造良好的内部环境

第一,对新产品的研发等各个环节实行资源倾斜。新产品从开发、宣传到培训、销售等各个环节都需要大量的人力、物力和财力。如果不实行相应的资源倾斜,将使保险公司研发人员、管理人员和销售人员失去开发、销售新产品的积极性。可以采取多种方式实行资源倾斜,充分调动各级机构和人员开发、推广新险种的积极性,如:每年按照公司实现的保费收入或利润的一定比例提取产品研发经费;对新产品的推广拨付专门的宣传、培训和展业费用;赋予新产品更高的销售佣金提成比例;对新产品开发推广过程中业绩突出的机构和个人及时给予表彰奖励等。

第二,打好新产品研发的信息数据和技术力量基础。要加强市场调研和信息数据的采集,特别是要重视采纳基层业务人员的意见和建议,使产品设计更加贴近市场。要加大对保险精算人才的引进和培养力度,把提高产品创新能力作为公司谋求长期生存与发展、强化核心竞争力的一项战略任务来抓。

第三,建立保险产品创新激励机制。保险产品创新激励机制的建设是建立保险产品创新体系、实现保险产品创新目标的重要保证,需要做到以下几个方面:一是建立合理的激励机制,要将产品创新纳入重点考核内容,同时要充分发挥保险分支机构、保险行业协会和保险中介在产品创新中的作用。二是建立产品开发、人员培训、产品销售、售后服务等环节之间的合理流程。产品研发机构是产品创新的核心部门,应和现在归属的专业机构分离,它是一个相对独立但又和产品管理、产品销售系统相互协作的部门,即实施产品研发与产品管理和产品销售系统一体化的开发方式,并要保证上述各环节的信息与要求不遗漏、不扭曲、不走样。三是对新产品的开发推广、销售经营等进行单项考核。通过优化考核机制,落实相应的奖惩措施,可以激发各级机构和人员开发推广新产品的积极性,克服各级机构因短期利益取向而忽视新产品开发和推广的问题。通过单项考核,还可以及时发现新产品中存在的风险和问题,以便分析原因,对症下药。四是加强产品跟踪与反馈工作,实现根据消费者需求修正保险产品的动态管理。

第四,加强创新型人才的培养。保险产品创新是一项技术性很强的系统工作;技术和系统的支持能力是影响寿险公司产品创新的又一重要因素;需要精算、营销、核保、管理、财务、投资等高素质、经验丰富的专业技术人才。提升保险产品创新人才的实力可以从以下几个方面着手:一是由中国保监会或保险学会出面采用产、学、研相结合的方式,在国内高校和保险公司之间建立若干个创新型人才的培养基地,增加专门人才的供给。二是采用"走出去"和"请进来"的方式,通过国际间的人才交流,进一步提升现有专业技术人员的素质。三是建立保险专业人才库,有条件的保险公司还应加强精算专业人才的引进工作。各保险总公司、分公司及基层公司的专业人才队伍的分层建设工作要做细,并自成体系,否则,产品创新工作的推行力度将大打折扣。实际上,创新产品在市场营销过程中需要结合实际情况进行微调,并且大量的基础数据的收集、整理、分析工作,都需要相关的专业人员充实到基层的"一线"业务部门。

3. 厘清保险产品创新的思路

第一,明确保险产品创新的条件和目标。保险产品创新的条件主要是指保险产品创新工作必须结合国家宏观经济政策、国民经济发展以及地区经济发展水平、经济结构、收入水平、消费水平、消费结构以及人文环境等内容来进行。随着社会经济的发展,我国社会结构也将会发生根本性的变化,人们消费需求开始升级,生活要求出现多样化,对养老保健、医疗卫生、文化教育、汽车住宅等改善生活质量的需求将明显提高,因此,当前产品创新的工作重点是围绕养老保险、医疗保险、责任保险和农业保险四个领域来进行。具体到各保险公司,则需要结合自身实际,即公司发展战略规划、经营机制、管理制度、业务特点、人力及技术的资源优势等内容进行保险产品创新。任何脱离中国实际、脱离各自公司实际,偏离广大人民需要的保险产品"创新",都是毫无价值的,因此,也是没有意义的。

第二,厘清保险产品创新的路径。一是重点对现有产品进行改造、挖潜和推广。目前各公司全国性或区域性的主险和附加险产品数量不菲,但保费收入仍主要集中在企业财产保险、机动车辆保险、货物运输保险等少数险种上,可从目前保费收入较少的险种中充分挖掘潜力,加大力量进行销售推广。二是以市场需求为导向开发新产品。在现代保险企业创新中,顾客所扮演的角色越来越重要,满足顾客多样化的需求是保险企业经营成功的标志,同时也是保险产品创新的出发点。市场需求是拉动保险产品创新的主要因素,贴近市场才能开发出适销对路、满足社会需要的保险产品。保险产品创新不能等同于保险产品开发,例如,有的保险公司一年投入市场的保险产品达 70 余个,其中真正带来保费收入的只有 30 个,而剩余的 40 多个产品就很难称得上产品创新。因此,开发产品时要充分考虑市场需求,以市场需求为导向,变"以我为中心"为"以客户需求为中心",重点开发风险易发性较高,单位和个人转嫁风险要求较迫切的保险产品。同时,要求保险公司在服务方面有创新意识。比如,在前期宣传时,利用醒目独特的产品标志吸引消费者,使无形的产品在消费者头脑中有形化,博得客户的信任与青睐;在理赔事故发生时,简化理赔手续办理的程序,让客户感受到"理赔易"。三是对产品创新的方法进行改进。目前,中国国内保险产品的研发都是由总公司负责,各分支公司的职能较弱,话语权较少,必须按照总公司的文件指示定价、销售。如前所述,中国各地区由于多种因素作用,保险需求差异明显。为了更好地适应市场要求,有必要改革产品创新的管理模式。由总公司提供资金、技术、智力支持,各分公司在充分调研当地市场之后,设计适合各地区保险需求的产品。具体来说,首先,实行上下结合、要优化保险公司从新产品需求创意的提出到具体实施开发再到销售信息反馈的整个产品创新流程。新产品需求、创意的提出是产品创新的重要环节,流程设计和相应的管理措施要保证各级分支机构,特别是基层公司的需求、创意能及时顺畅地传递到总公司;在具体实施开发过程中,为了使开发的产品更加切合实际,总公司可以抽调各级分支机构人员共同开发;要健全和完善新产品销售的信息反馈机制,以便及时发现新产品存在的问题,并加以改进。其次,实行内外结合、可以采取形式多样的合作开发形式,与科研机构、高等院校、相关行业主管部门甚至同业公司进行合作开发新产品。如针对保险业在农险开发方面基础数据薄弱、专业人才不足的现状,借助农业主管部门熟悉种、养业风险,掌握行业数据和集中农业人才等优势开发农险产品。最后,实行点面结合,可以采取先试点实施、后全面推广的办法,防止出现新产品风险失控,或不适销对路却投入大量推广费用等情况。

4. 及时发现、防范和控制创新产品存在的风险

新产品是一把"双刃剑",在给公司带来大量业务收入的同时也可能存在技术风险、市场风险和管理风险等风险。对此,保险公司和监管部门都要有清醒的认识。

第一,保险公司要积极引进现代保险的经营理念,将产品创新建立在严密的风险控制基础上。保险公司应在经营中不断增强自己的风险意识,提高自己的风险管理能力,在产品创新的过程中,对市场进行细致的调查研究,对公司的风险进行反复的计算和论证,使风险与转让风险的价格对等和匹配,使客户和公司找到利益的结合点。唯其如此,保险产品创新才有生命力。对新产品推出后的情况要进行跟踪、分析、快速反应,对推广、销售过程中发现的产品瑕疵要及时修订进行完善;对经营风险巨大且难以控制的产品要及时改良甚至停办;对经营新产品过程中出现的重大风险要及时向监管部门报告。

第二,建立风险补偿和转嫁机制。目前,该机制的设想可以从三个方面入手:一是对保险公司开发的新险种给予一定的税收优惠,从而增强其市场竞争力;二是由各保险公司共同出资,设立创新风险补偿基金,对因创新失败导致亏损的保险公司给予一定的经济补偿;三是大力发展再保险市场,鼓励再保险公司开发各类承担财务风险的再保险产品,从而为保险公司创新风险建立转嫁机制。

第三,监管部门要处理好严格监管与鼓励创新的关系。一是对实行事后备案的产品,仍要严格把关,对侵害投保人或被保险人合法权益、危及保险公司偿付能力的产品,要立即责成保险公司修正并重新备案或责令停止销售,对造成不良后果的要追究相关公司人员责任;二是要建立对新产品各种风险的预警机制;三是要建立健全缺陷

产品的召回、退出制度。

5. 加强对产品创新的引导和保护

一要继续提高全行业对产品创新重要性的认识，促进相关市场主体树立科学的产品创新理念。引导各市场主体认识产品创新是保险业做大做强的生命线，只有不断进行产品创新，才能为保险业的发展注入新的活力和生机，才能适应单位和个人日益多元化、个性化的保险需求，才能持续扩大保险业的辐射力和充分发挥保险的功能作用。

二要引导各保险公司不断健全产品创新体系。产品创新能否取得实效，取决于创意和需求的提出、产品设计、销售推广、信息反馈、产品改良、考核奖惩等各个环节。要引导各公司对产品创新的各个环节进行系统规划和部署。

三要对产品开发方向进行引导。如借鉴国外经验并分析我国现有的各公司产品体系，对市场有需求但尚无适合产品的领域进行开发，又如针对国家新的经济政策和法律环境对非寿险业产生的新机会、新挑战，引导行业进行产品创新。

四要加强对保险创新产品的知识产权保护。完善的法律体系是我国法制体系建设的重要组成部分，是我国社会主义建设走向成熟的重要表现，同时它也给保险产品创新提供了新的发展机会。保险产品开发是一个价值创造过程，其创新中耗费了大量的物力、人力，并获得了专业的技术支持，这一特性决定了保险产品具有很强的自我保护功能。但是，保险产品的自我保护功能并不是对所有的产品都有效，它有一个适应的保护边界。一方面，对创新的保险产品实施严格保护,可以提高保险公司进行产品创新的积极性;另一方面,对保险产品又不适宜实行过度的保护,否则易造成个别公司的技术垄断、抑制创新成果的推广和传播,阻碍行业发展,损害被保险人利益。目前我国保险公司产品同质性强、差异性小,各保险公司在产品设计上大同小异,其主要原因是存在"免费搭车"现象,即一家公司花费了大量人力、物力、财力开发出的新产品投放市场后,可能很快就被其他公司以极低的成本进行模仿复制。与此同时,我国《反不正当竞争法》《商标法》《专利法》《著作权法》和《保险法》等法律法规均缺乏对保险产品的知识产权保护,减弱了公司进行产品创新的动力。因此,我国在保险产品知识产权立法中要寻求一个平衡点,既要考虑到保护创新企业的成本与收益,又要考虑到整个行业的整体发展以及市场创新的活力。针对保险产品易于被复制、被模仿从而导致保险公司不愿进行保险产品创新的问题,保监会应组织专门力量对创新保护机制进行研究,寻找合适的保护边界。目前,可供参考的思路有两条:一是建立新型保险产品的认定标准,以便于确定保险公司向保监会备案和申报的各类保险产品,是否属于保险市场中的创新产品;二是对保险公司的创新保险产品确定一定的保护期,即保险公司在申报审批、备案新险种条款和保险费率时,可以向监管部门申请一定时限(如半年至一年)的新险种保护期。一旦实施保护,在保护期内监管部门对其他公司相同或类似的产品不予备案或暂缓审批。

第七章　我国保险业服务"一带一路"建设的行动方向及举措

保险业要充分认识参与和服务"一带一路"建设的重要意义,切实增强责任感和使命感,制定行之有效的发展策略,建立长效服务机制,主动配合国家战略,在顶层设计、产品服务创新、资金运用、合作机制、风险管控等方面积极行动、主动作为,护航"一带一路"建设的深入推进。

一、统筹做好保险业服务"一带一路"建设的顶层设计

在"一带一路"建设过程中,为充分发挥保险功能作用,保险业积极推动保险业纳入"一带一路"建设的顶层设计,同时健全保险服务"一带一路"建设的制度安排。

1.推动保险机制纳入国家"一带一路"建设的整体制度安排。保险作为国际通用的市场化风险管理手段,在"一带一路"建设过程中可以发挥重要作用。保险业和保险监管部门要加强与政府相关部门的沟通协调,积极争取将保险作为一项制度性安排纳入国家"一

带一路"建设的总体布局。建立健全重点项目的风险保障机制,逐步建立海外投资保险制度,加大对装备出口、营运责任等基础设施互联互通相关险种的支持。探索建立"一带一路"巨灾风险机制,推动保险、再保险与亚投行、丝路基金等配套金融政策安排的充分互动。

2. 健全保险业服务"一带一路"建设的支持政策。在《中国保监会关于保险业服务"一带一路"建设的指导意见》的基础上,加快出台保险业服务"一带一路"建设的具体实施细则,鼓励保险机构在产品、资金、机构、人才等方面向"一带一路"建设倾斜。从发挥保险业风险保障和资金支持两大优势出发,鼓励保险机构向"一带一路"重点领域提供风险保障,推动保险机构加大对"一带一路"重点建设项目的直接投资和增信支持力度。

3. 探索保险业服务"一带一路"建设的长效机制。统筹做好保险业服务"一带一路"建设顶层设计,需要从行业层面整体推进,立足于现阶段的行业实际,找准切入点,主动作为,更要着眼长远,以全面提升行业国际竞争力和全球服务能力为目标,全面对接"一带一路"建设的需求,不断深化改革创新,积极探索新产品、新渠道、新模式,为"一带一路"建设提供综合保险服务。同时,根据"一带一路"战略实施推进情况,在更大范围、更宽领域、更深层次为国际和地区合作提供保险服务。

二、加强保险业服务"一带一路"
建设的产品服务创新

保险业要主动对接"一带一路"建设过程中的各类保障需求和

融资需求,加强产品服务创新。

1.围绕特殊风险保障需求,积极打造个性化的保险产品。保险机构要根据国内"一带一路"核心区和节点城市建设中的特殊风险保障需求,积极提供各类责任保险、货物运输保险、企业财产保险、工程保险、失地农民养老保险、务工人员意外伤害保险等个性化的保险产品服务,化解核心区和节点城市建设中出现的各类风险,减轻政府和企业压力,优化社会治理,保障民生。

2.大力发展跨境保险服务,为重点项目提供风险保障。一是保险机构要根据"一带一路"沿线国家和地区的风险特点,有针对性地开发机动车出境保险、航运保险、雇主责任保险等跨境保险业务,可以为沿线"互联互通"重要产业、重点企业和重大建设项目提供风险保障。二是保险机构要大力发展建筑工程、交通、恐怖事件等意外伤害保险和流行性疾病等人身保险产品,完善海外急难救助等附加服务措施。三是保险机构要加快特种保险业务国际化进程,服务航空航天、核能及新能源等高新领域的国际合作。四是保险机构要针对"一带一路"沿线不同国家、地区的差异化保险需求,努力提供一揽子综合保险解决方案。五是保险中介机构要主动发挥专业技术优势,为"一带一路"建设重大项目提供风险管理、保险及再保险安排、损失评估等全方位的保险中介服务。

3.大力发展出口信用保险,促进对外经贸合作。大力发展信用保险,为我国实施贸易多元化战略、建设贸易强国、整合区域经济提供强有力的保险保障。一是针对出口企业的风险特点,丰富出口信用保险产品体系。保险机构要创新开发综合保险、中小企业综合保险、信用证保险、特定买家保险、农产品出口特别保险、特别合同保险、买方违约保险、出口票据险等保险产品,对风险可控的项目应保尽保,推动"一带一路"重大项目加快落地。二是政策性保险机构要扩大中长期出口信用保险覆盖面,增强交通运输、电力、电信、建筑等对外工程承包重点行业的竞争能力,支持"一带一路"示范项目及相关共建行动的落实。三是保险机构要针对进口企业的保障需求,提供专业的产品和服务。加快发展"进口预付款信用保险"和"国内贸易信用保险(进口保理)"等业务,对先进技术设备、关键零部件和能源原材料的进口提供风险保障。

4. 大力发展海外投资保险,为企业"走出去"提供风险保障。发展海外投资保险是支持与沿线国家的货物运输、能源进口等经贸往来的重要保障。一方面,政策性保险机构要大力发展海外投资保险,创新保险品种,为出海企业量身打造海外投资保险产品,为我国在境外的油气资源、矿产资源和电力资源开发建设等海外项目提供风险保障,提升能源安全程度。另一方面,要不断扩大承保范围,支持优势产业产能输出,推动高铁、核电等高端行业向外发展,促进钢铁、水泥和船舶等行业优势产能转移。保险业要加强同业交流与业务合作,有针对性地成立海外投资保险公司共保体,推动海外投资保险业务的发展。

5. 发展巨灾保险和再保险,进一步提升区域风险保障水平。数据显示,"一带一路"沿线国家因灾害产生的经济损失占 GDP 比重相当高,灾害的发生可能引起"一带一路"沿线国家之间社会、经济甚至政治的连锁反应,因此,关注灾害防御与救灾合作,建立巨灾保险合作机制,可以更好地服务"一带一路"建设。同时要加大再保险产品和技术的创新力度,为"一带一路"建设中的交通、能源、水利等重点建设项目的大型风险、特殊风险提供再保险保障;积极参与国际再保险市场建设,推动国内与国际再保险业务的深度融合,提升全球再保险市场话语权。

三、创新保险业服务"一带一路" 建设的资金运用方式

据预测,"一带一路"建设未来十年基础设施投资需求高达 8 万亿美元,长期性、稳定性的资金面临巨大缺口。截至 2016 年底,保险资金运用余额达 13.4 万亿元。保险资金具有长期性、稳定性的特点,是支持实体经济发展的重要力量,与"一带一路"基础设施建设项目资金需求大、建设周期长、收益稳定的特点非常匹配,是港口、物流、航空、园区建设等"一带一路"重大投资项目提供资金的重要来源。

1.通过多种方式参与"一带一路"重大项目建设。保险资金在服务"一带一路"建设中,要充分发挥保险资金长期稳定优势,积极参与长周期、大规模的"一带一路"基础设施项目,通过债权、股权、股债结合、股权投资计划、资产支持计划和私募基金等方式,以及通过投资亚洲基础设施投资银行、丝路基金和其他金融机构推出的金融产品等途径,直接或间接投资"一带一路"重大投资项目,促进共同发展、共同繁荣。一方面,支持境内"一带一路"重点区域的道路、港口、油气管道、通信等重点项目和沿线省份的园区建设,如连霍国道主线、糯扎渡水电站、贵阳轨道交通和西安保税区基础设施等重点

项目。另一方面,积极稳妥参与境外交通、能源管道等基础设施建设,探索投资境外油气产业园和中外产业合作基地。

2. 不断提高保险机构境外投资管理能力。一方面,"一带一路"沿线超过 60 个国家,但只有 13 个国家是在保险资金境外投资市场限定的 45 个国家或地区之内,为了提升保险机构境外投资水平,需要进一步扩大保险资金可投资国家或地区范围,完善境外重大投资监管政策;另一方面,保险机构要加强对当地政策和市场研究,甄别投资风险,创新投资模式,制定严密而有效的境外投资流程,将风险控制理念贯穿于投资流程始终,提升境外投资风险控制能力,强化境外投资能力。

3. 积极发展出口信用保险项下的融资服务。一方面,要增强保险公司与各银行机构的业务往来配合,为发展出口信用保险项下的融资服务打下良好基础;另一方面,要加强对"走出去"企业的宣传引导,鼓励企业在办理出口信用保险后,将保险权益转让银行,撬动银行向出口商提供短期贸易融资,从而改善财务状况,加快资金周转,满足"一带一路"建设多样化的融资需求。

四、建立保险业服务"一带一路"
建设的合作机制

1. 加强保险监管的互联互通。一是借助国际保险监督官协会、亚洲保险监督官论坛等平台,加强与"一带一路"沿线国家保险监管部门的沟通和联系,建立双边、多边监管合作机制,宣讲"丝路故事",争取沿线重要国家和地区对我国保险业参与"一带一路"建设的支持,优化企业"走出去"的政策环境。二是推进中国风险导向偿付能力体系的国际化,力争成为新兴市场和亚洲地区代表性偿付能力监管体系,推进与"一带一路"沿线国家和地区开展保险偿付能力监管体系等效评估,增强我国对国际监管规则的影响力。三是向"一带一路"沿线国家和地区提供监管技术合作和技术援助,建设我国保险业国际合作新格局。

2. 搭建"一带一路"建设保险信息服务共享平台。一方面,保险业要加强行业内外部信息共享,建立保险业服务"一带一路"风险数据库和保险资金运用项目库,搭建"一带一路"建设保险需求与供给对接平台,服务产品开发和风险管控。另一方面,保险监管部门要加强与政府相关部门的沟通协调,推动搭建与政府、金融机构"互联互通"的政策协调与信息交流平台,及时向行业传递"一带一路"建设相关政策、重大项目和保险需求等信息,引导保险机构发挥自身特色和优势,合力支持"一带一路"建设。

3. 加强保险机构之间的业务协作。一是建立健全协同推进机制,推动保险机构之间和国内保险机构与"一带一路"沿线各国保险机构之间的业务协作,为我国企业"走出去"构建全方位保障体系。二是组建行业战略联盟,探索建立保险业"一带一路"国际保险再保险共同体和投资共同体,打造国内外保险行业资源共享和发展平台,提升整体承保和服务能力。

4. 加强保险机构与"一带一路"建设企业、其他金融机构之间的协作。一方面,加强保险机构与"一带一路"建设企业的合作。推动保险机构与"一带一路"建设项目开发和投资企业建立合作机制,及时总结"一带一路"建设中的风险,探索切实可行的跨国风险预警和风险保障机制,为中国企业"走出去"探索新路径。另一方面,加强保险机构与其他金融机构的业务协作。积极探索保险机构与银行、证券等其他金融机构在海外信息共享、业务互动、机构共建等方面的合作,为"一带一路"重大项目建设提供一站式、全方位的金融保险服务。

五、提升保险业服务"一带一路" 建设的风险管控水平

由于不少"一带一路"沿线国家处于热点地区,不稳定因素较多,保险业面临着大量非常规风险。在服务"一带一路"建设过程中,保险业承担着风险管控和风险吸收的重要职责,在发挥全面风险管理优势为"一带一路"战略的实施提供全面的风险管理服务的同时,还要时刻绷紧风险防控这根弦,严格把好风险控制关,切实守住不发生系统性风险底线。

1.加强风险评估与风险研判。保险业在服务"一带一路"建设过程中,要充分发挥保险机构、保险中介机构在资信渠道、风险管理、数据收集、信息处理等方面的优势,加强对国际局势、宏观经济形势的研判和"一带一路"沿线国家与地区的政治、政策、市场风险研究及形势研判,密切关注沿线国家和地区监管规定和法律法规的变化,不断提高保险业自身的风险识别、预警和处置能力,全面认识项目开发和投资的风险要素和风险来源,同时,进一步强化合规意识和风险

意识,完善合规管控体系,增强行业的境外风险防控能力,确保相关风险总体可控。

2. 建立保险机构内部风险管理和监控体系。保险机构要积极借鉴现有风控与治理机制,在"一带一路"沿线国家开展海外承保项目和投资项目时,要把提高风险管控能力摆在首位,把风险管控理念贯穿项目全流程,建立多层次和多部门的内部风险管理和监控体系,综合评估风险防范水平,确保相关业务风险总体可控。此外,还要充分发挥保险的风险分散功能,通过再保险、共同担保等方式,实现风险分散化,切实做好风险管控,提高保险运行效率和保障水平,推动保险业的可持续发展。

责任编辑:刘敬文

封面设计:胡欣欣

责任校对:吕　飞

图书在版编目(CIP)数据

"一带一路"倡议下的保险业服务研究/周延礼 著. —北京:人民出版社,
　2018.11

ISBN 978-7-01-019983-2

Ⅰ.①—⋯　Ⅱ.①周⋯　Ⅲ.①保险业-商业服务-研究-中国
　Ⅳ.①F842

中国版本图书馆 CIP 数据核字(2018)第 245146 号

"一带一路"倡议下的保险业服务研究

YIDAIYILU CHANGYIXIA DE BAOXIANYE FUWU YANJIU

周延礼　著

人民出版社 出版发行

(100706　北京市东城区隆福寺街 99 号)

北京盛通印刷股份有限公司印刷　新华书店经销

2018 年 11 月第 1 版　2018 年 11 月北京第 1 次印刷

开本:710 毫米×1000 毫米 1/16　印张:13

字数:142 千字

ISBN 978-7-01-019983-2　定价:40.00 元

邮购地址 100706　北京市东城区隆福寺街 99 号

人民东方图书销售中心　电话 (010)65250042　65289539